职业教育改革与创新系列教材

施工项目管理

第2版

主　编　金忠盛
副主编　张裕洁
参　编　王　健　张　雄　俞　娟
　　　　戴丽娟　陈鸿亮　丁国文
　　　　王汉玲

机械工业出版社

本书为教育部职业教育与成人教育司推荐教材《施工项目管理》的修订版。全书共分 7 个单元，主要内容包括施工项目管理概述、施工项目成本控制、施工项目进度控制、施工项目质量控制、施工项目合同管理、施工项目安全管理和施工项目信息管理。本书注重理论联系实际，结合建筑工程项目的实例，同时又结合施工项目管理的实际，以能力为本位，突出通俗性、应用性、实践性、规范性。

本书可供职业院校建筑（市政）施工专业学生学习之用，也可作为有关专业人员及建筑类学校的参考书籍。

为方便教学，凡选用本书作为授课教材的老师均可登录 www.cmpedu.com 以教师身份免费注册下载本书电子课件及习题答案。编辑热线：010-88379934；机工社建筑教材交流 QQ 群：221010660。

图书在版编目（CIP）数据

施工项目管理/金忠盛主编．—2 版．—北京：机械工业出版社，2012.9（2025.6 重印）
职业教育改革与创新系列教材
ISBN 978-7-111-39375-7

Ⅰ．①施… Ⅱ．①金… Ⅲ．①建筑工程—工程施工—项目管理—高等职业教育—教材 Ⅳ．①TU71

中国版本图书馆 CIP 数据核字（2012）第 183732 号

机械工业出版社（北京市百万庄大街 22 号　邮政编码 100037）
策划编辑：王莹莹　　责任编辑：王莹莹
版式设计：霍永明　　责任校对：于新华
封面设计：马精明　　责任印制：单爱军
北京盛通数码印刷有限公司印刷
2025 年 6 月第 2 版第 10 次印刷
184mm×260mm・8.75 印张・215 千字
标准书号：ISBN　978-7-111-39375-7
定价：29.00 元

电话服务	网络服务
客服电话：010-88361066	机 工 官 网：www.cmpbook.com
010-88379833	机 工 官 博：weibo.com/cmp1952
010-68326294	金 书 网：www.golden-book.com
封底无防伪标均为盗版	机工教育服务网：www.cmpedu.com

职业教育改革与创新系列教材
编委会名单

主 任 委 员　谢国斌　中国建设教育协会中等职业教育专业委员会
　　　　　　　　　　　　北京城市建设学校

副主任委员
　　　　　　　　黄志良　江苏省常州建设高等职业技术学校
　　　　　　　　陈晓军　辽宁省城市建设职业技术学院
　　　　　　　　杨秀方　上海市建筑工程学校
　　　　　　　　李宏魁　河南建筑职业技术学院
　　　　　　　　廖春洪　云南建设学校
　　　　　　　　杨　庚　天津市建筑工程学校
　　　　　　　　苏铁岳　河北省城乡建设学校
　　　　　　　　崔玉杰　北京市城建职业技术学校
　　　　　　　　蔡宗松　福州建筑工程职业中专学校
　　　　　　　　吴建伟　攀枝花市建筑工程学校
　　　　　　　　汤万龙　新疆建设职业技术学院
　　　　　　　　陈培江　嘉兴市建筑工业学校
　　　　　　　　张荣胜　南京高等职业技术学校
　　　　　　　　杨培春　上海市城市建设工程学校
　　　　　　　　廖德斌　成都市工业职业技术学校

委　　　员　（排名不分先后）
　　　　　　　　王和生　张文华　汤建新　李明庚　李春年　孙　岩
　　　　　　　　张　洁　金忠盛　张裕洁　朱　平　戴　黎　卢秀梅
　　　　　　　　白　燕　张福成　肖建平　孟繁华　包　茹　顾香君
　　　　　　　　毛　苹　崔东方　赵肖丹　杨　茜　陈　永　沈忠于
　　　　　　　　王东萍　陈秀英　周明月　王莹莹（常务）

出 版 说 明

2004年10月，教育部、建设部发布了《关于实施职业院校建设行业技能型紧缺人才培养培训的通知》，并组织制定了《中等职业学校建设行业技能型紧缺人才培养培训指导方案》（以下简称《指导方案》），对建筑施工、建筑装饰、建筑设备和建筑智能化四个专业的培养目标与规格、教学与训练项目、实验实习设备等提出了具体要求。

为了配合《指导方案》的实施，受教育部委托，在中国建设教育协会中等职业教育专业委员会的大力支持和协助下，机械工业出版社专门组织召开了全国中等职业学校建设行业技能型紧缺人才培养教学研讨和教材建设工作会议，并于2006年起陆续出版了建筑施工、建筑装饰两个专业的系列教材，该系列教材被列为教育部职业教育与成人教育司推荐教材。

该套教材出版后，受到广大职业院校师生的一致好评，为职业院校建筑类专业的发展提供了动力。近年来，随着教学改革的不断深入，建筑施工和建筑装饰专业的教学体系、课程设置已经发生了很大变化。同时，鉴于本系列教材出版时间已较长，教材涉及的专业设备、技术、标准等诸多方面也已发生了较大变化。为适应科技进步及职业教育当前需要，机械工业出版社在中国建设教育协会中等职业教育专业委员会的支持下，于2011年5月组织召开了该系列教材的修订工作会议，对当前职业教育建筑施工和建筑装饰专业的课程设置、教学大纲进行了认真的研讨。会议根据教育部关于"中等职业教育改革创新行动计划（2010-2012）"和2010年新颁布的《中等职业学校专业目录》，结合当前教学改革的现状，以实现"五个对接"为原则，将以前的课程体系进行了较大的调整，重新确定了课程名称，修订了教材体系和内容。

由于教学改革在不断推进，各个学校在实施过程中也在不断摸索、总结、调整，我们会密切关注各院校的教学改革情况，及时收集反馈信息，并不断补充、修订、完成本系列教材，也恳请各用书院校及时将本系列教材的意见和建议反馈给我们，以便进一步完善。

本系列教材编委员

第 2 版前言

本书是教育部职业教育与成人教育司推荐教材《施工项目管理》的修订版。

在本书的修订过程中，编者对教材原有的体系作了一些调整，按照施工项目管理的内涵，增加了合同管理的相关内容，对施工项目成本控制及施工项目信息管理作了补充，对一些新的施工项目管理理念，如建筑节能、绿色施工及 BIM 在信息工程中的应用等都作了相应的介绍，并在相应单元后增加了活动设计和案例分析。在保持上版教材特色的基础上，本书注重理论联系实际，以能力为本位，突出通俗性、应用性和实践性。

本书由上海市建筑工程学校金忠盛统稿和主编。单元 1 由上海市建筑工程学校戴丽娟编写，单元 2 由武汉市建设学校王健编写，单元 3、单元 4 由上海建峰职业技术学院张雄编写，单元 5 由上海市建筑工程学校俞娟编写，单元 6、单元 7 由上海市建筑工程学校张裕洁编写，谨此表示衷心的感谢！

由于编写时间仓促，书中难免有错误和不当之处，恳请读者批评指正。

编　者

第1版前言

《施工项目管理》是根据教育部、建设部发布的《中等职业学校建设行业技能型紧缺人才培养培训指导方案》的要求而编写的教材之一。本教材将建筑施工与管理的基本知识、基本技术、基本规范和基本方法融合为一个完整的体系。

本书分五个单元阐述了施工项目管理的基本理论，施工项目生产要素管理，施工项目安全、质量、进度目标控制，施工项目技术档案资料管理，工程建设监理等。

在编写过程中，考虑到建设行业技能型紧缺人才培养的目标，为了体现本教材的特色，结合建筑工程项目的实例，同时又结合施工项目管理的实际，本书不但从理论上进行阐述，而且从实践操作和应用上加以系统化。编者始终遵循规范化和适用的原则，力求做到深入浅出、图文并茂、通俗易懂。在编写中，参考了有关文献资料，同时又得到了上海市建工（集团）总公司总承包部副经理、一级注册建造师、高级工程师陈安民具体的指导和大力支持，在此表示诚挚的感谢。

本书由上海市建筑工程学校金同华任主编，上海市建峰职业技术学院副院长徐辉和上海市建文建设工程监理有限公司国家注册监理工程师周学军任主审。具体编写分工为：单元一由嘉兴市建筑工业学校丁国文编写；单元二、四由金同华编写；单元三由上海市建筑工程学校陈鸿亮编写；单元五由武汉市建设学校王汉玲编写。

本书可作为全国中等职业学校建筑（市政）施工专业教材，也可作为有关专业人员及建筑类学员的参考书籍。

由于编写时间仓促，书中难免存在不少缺点，欢迎广大读者批评指正。

编　者

目 录

出版说明
第2版前言
第1版前言

单元1　施工项目管理概述 ··· 1
　　课题1　施工项目管理的基本概念 ··· 1
　　课题2　施工项目管理实施组织 ··· 3
　　课题3　施工项目经理 ··· 6
　　课题4　施工项目管理实施内容 ··· 8
　　课题5　建设工程监理 ·· 13
　　单元小结 ·· 16
　　复习思考题 ··· 16

单元2　施工项目成本控制 ·· 18
　　课题1　建筑安装工程费用和建设工程定额 ·· 18
　　课题2　施工成本管理 ·· 23
　　课题3　施工成本计划 ·· 25
　　课题4　施工成本控制与施工成本分析 ·· 29
　　课题5　建筑安装工程费用的结算 ·· 33
　　课题6　施工项目成本管理核算与考核 ·· 40
　　单元小结 ·· 41
　　复习思考题 ··· 41
　　案例分析题 ··· 41

单元3　施工项目进度控制 ·· 46
　　课题1　施工进度计划的表达形式 ·· 46
　　课题2　施工进度计划的检查 ·· 47
　　课题3　施工进度计划的调整 ·· 51
　　课题4　施工进度控制的措施 ·· 60
　　单元小结 ·· 61
　　复习思考题 ··· 61
　　案例分析题 ··· 62

单元4　施工项目质量控制 ·· 66
　　课题1　施工项目质量控制的特点和控制原理 ··· 66
　　课题2　施工准备质量控制 ··· 70
　　课题3　施工过程的质量控制 ·· 71
　　课题4　质量验收的控制 ·· 72

课题 5　施工质量事故的处理 ……………………………………………………………… 75
　单元小结 …………………………………………………………………………………… 77
　复习思考题 ………………………………………………………………………………… 77
　案例分析题 ………………………………………………………………………………… 78

单元 5　施工项目合同管理 …………………………………………………………………… 79
　课题 1　施工项目合同概述 ………………………………………………………………… 79
　课题 2　施工项目合同履行 ………………………………………………………………… 83
　课题 3　施工项目合同索赔 ………………………………………………………………… 89
　单元小结 …………………………………………………………………………………… 94
　复习思考题 ………………………………………………………………………………… 94
　案例分析题 ………………………………………………………………………………… 95

单元 6　施工项目安全管理 …………………………………………………………………… 96
　课题 1　施工安全管理体系和目标控制 …………………………………………………… 96
　课题 2　施工安全技术措施 ………………………………………………………………… 98
　课题 3　安全文明施工 ……………………………………………………………………… 100
　课题 4　安全事故 …………………………………………………………………………… 105
　课题 5　建筑节能与绿色施工 ……………………………………………………………… 109
　课题 6　建设工程环境保护 ………………………………………………………………… 113
　单元小结 …………………………………………………………………………………… 117
　复习思考题 ………………………………………………………………………………… 117

单元 7　施工项目信息管理 …………………………………………………………………… 118
　课题 1　施工项目信息管理概述 …………………………………………………………… 118
　课题 2　施工项目信息管理系统 …………………………………………………………… 120
　课题 3　施工文件档案管理 ………………………………………………………………… 124
　单元小结 …………………………………………………………………………………… 131
　复习思考题 ………………………………………………………………………………… 131

参考文献 ………………………………………………………………………………………… 132

单元 1 施工项目管理概述

【单元概述】

本单元主要阐述施工项目管理的基本概念、施工项目管理实施组织、施工项目经理、建设工程监理等知识；并叙述施工项目管理的实施内容即"三控制、五管理、一协调"的具体内涵。

【学习目标】

通过本单元的学习，学生应熟悉施工项目管理的概念及特征；掌握施工项目管理项目经理部的设置及组织形式；熟悉项目经理的责、权、利；掌握施工项目管理实施内容并了解建设工程监理等方面的知识。

课题 1 施工项目管理的基本概念

1.1.1 施工项目的概念

1. 项目的概念

项目是由一组有起止时间、相互协调的受控活动所组成的特定过程，该过程要达到符合规定要求的目标，包括时间、成本和资源等约束条件。

项目的范围非常广泛，常见的有：科学研究项目、科技攻关项目、资源开发项目、小区开发项目和工业与民用建筑工程施工项目等。

2. 施工项目的概念

施工项目是由建筑业企业自施工承包投标开始到保修期满为止的全过程中完成的项目。这就是说，施工项目是由建筑业企业完成的项目，它可能以建设项目为过程产出物，也可能是产生其中的一个单项工程或单位工程。过程的起点是投标，终点是保修期满。施工项目除了具有一般项目的特征外，还具有自己的特征：

1）是单项工程、单位工程的施工活动过程；

2）以建筑业企业为管理主体；

3）项目的任务范围是由施工合同界定的；

4）产品具有多样性、固定性、体积庞大等特点。

只有单位工程、单项工程的施工活动过程才称得上施工项目，因此它们才是建筑业企业的最终产品。由于分部工程、分项工程不是建筑业企业的最终产品，故其活动过程不能称作施工项目，而是施工项目的组成部分。

1.1.2 施工项目管理的概念

1. 项目管理类型

按建设工程项目管理不同参与方的工作性质和组织特征划分，项目管理一般有如下类型：
1) 业主方的项目管理；
2) 设计方的项目管理；
3) 供货方的项目管理；
4) 施工方的项目管理；
5) 建设项目总承包方的项目管理。

2．施工项目管理的概念

施工项目管理是建筑业企业运用系统的观点、理论和方法对施工项目进行的计划、组织、监督、控制、协调等全过程、全方位的管理。其项目管理的目标包括施工的成本目标、施工的进度目标和施工的质量目标等。施工项目管理工作主要在施工阶段进行。

（1）施工项目管理的主要任务包括：
1) 施工进度控制；
2) 施工质量控制；
3) 施工成本控制；
4) 施工安全管理；
5) 施工合同管理；
6) 施工信息管理；
7) 施工生产要素管理；
8) 施工现场管理；
9) 与施工有关的组织与协调。

（2）施工项目管理特征。施工项目管理是项目管理的一个分支，具有以下鲜明特征：
1) 施工项目的管理者是建筑业企业；
2) 施工项目管理的对象是施工项目；
3) 施工项目管理的内容是按阶段变化的。

（3）施工项目管理全过程。施工项目管理的全过程包含了投标与签订合同、施工准备、施工、验收、交工与结算、用后服务等阶段，必须抓好每个阶段的管理，以确保施工项目管理的顺利完成。

1) 投标与签订合同阶段。业主具备了招标条件以后，便发出招标公告（或邀请函），施工单位得到招标信息或收到邀请函后，从作出投标决策至中标签约，实质上便是在进行施工项目的工作。这是施工项目寿命周期的第一阶段，可称为立项阶段。这一阶段主要进行以下工作：

① 建筑施工企业从经营战略的高度作出是否投标争取承包该项目的决策。
② 决定投标以后，从多方面（企业自身、相关单位、市场、现场等）掌握大量信息。
③ 编制既能使企业盈利，又有竞争力，可望中标的投标书。
④ 如果中标，则与招标方进行谈判，依法签订工程承包合同，使合同符合国家法律、法规和国家计划，符合平等互利的原则。

本阶段的最终管理目标是签订工程承包合同。

2) 施工准备阶段。施工单位与招标单位签订了工程承包合同，正式确定交易关系以后，便应组建项目经理部，然后以项目经理部为主，与企业管理层、建设单位配合，进行施工准备，使工程具备开工和连续施工的基本条件。这一阶段主要进行以下工作：

① 成立项目经理部，根据工程管理的需要建立机构，配备管理人员。

② 制订施工项目管理实施规划，以指导施工项目管理活动。

③ 进行施工现场准备，使现场具备施工条件，利于进行文明施工。

④ 编写开工申请报告，待批开工。

3）施工阶段。这是自开工至竣工的实施过程。在这一过程中，项目经理部既是决策机构，又是责任机构。建设单位、监理单位、企业管理层的作用是支持、监督与协调。这一阶段的目标是完成合同规定的全部施工任务，达到项目验收、交工的条件。这一阶段主要进行以下工作：

① 进行施工。

② 在施工中努力做好动态控制工作，保证质量目标、进度目标、造价目标、安全目标和节约目标等的实现。

③ 管好施工现场，实行文明施工。

④ 严格履行施工合同，处理好内外关系，管好合同变更及索赔。

⑤ 做好记录、协调、检查和分析等工作。

4）验收、交工与结算阶段。这一阶段可称为结束阶段。与建设项目的竣工验收阶段协调同步进行。其目标是对项目成果进行总结、评价，对外结清债权债务。本阶段主要进行以下工作：

① 工程收尾。

② 设备进行试运转。

③ 接受正式验收。

④ 整理、移交竣工文件，进行工程款结算，总结工作，编制竣工总结报告。

⑤ 办理工程交付手续。

⑥ 项目经理部解体。

5）用后服务阶段。这是施工项目管理的最后阶段，即在竣工验收后，按合同规定的责任期进行用后服务、回访与保修，其目的是保证使用单位正常使用，发挥效益。在该阶段中主要进行以下工作：

① 为保证工程正常使用而做必要的技术咨询和服务。

② 进行工程回访，听取使用单位意见，总结经验教训，观察使用中的问题，进行必要的维护、维修和保修等工作。

③ 进行沉陷、抗震等性能观察。

课题 2　施工项目管理实施组织

施工项目管理是以施工项目经理为首，由施工项目经理部来具体组织实施的。为了充分发挥施工项目经理部在施工项目管理中的主体作用，必须对施工项目经理部的机构设置和人员配备加以特别重视。做到设计好、组建好、运转好，从而发挥施工项目经理部应有的功能，通过履约主体和管理实体地位的体现，使每个施工项目经理部成为市场竞争的主体成员。

1.2.1 施工项目经理部的职责与部门设置

1．施工项目经理部的职责

（1）为施工项目经理决策当好参谋，提供信息依据，同时又要执行施工项目经理的决策意图，对其全面负责。

（2）在项目经理的领导下，负责施工项目从开工到竣工的全过程施工生产的管理。

（3）是代表企业履行工程施工合同的主体，对最终建筑产品负责。

2．施工项目经理部的部门设置

（1）**经营核算部门**。主要负责预算、合同、索赔、资金收支和成本核算等工作。

（2）**工程技术部门**。主要负责生产调度、技术管理、施工组织设计和劳动力配置计划等工作。

（3）**物资设备部门**。主要负责材料设备的询价、采购、计划供应、管理、运输、机械设备的租赁及配套使用等工作。

（4）**监控管理部门**。主要负责工程质量、安全管理、消防保卫、文明施工和环境保护等工作。

（5）**测试计量部门**。主要负责计量、测量和实验等工作。

施工项目经理部的部门也可按控制目标进行设置，包括进度控制、质量控制、成本控制、安全管理、合同管理、信息管理、生产要素管理和组织协调等部门。

3．项目经理部的规模

施工项目经理部的设置规模和人员配备按工程建筑面积和投资额确定，可以参考表 1-1 设置。

表 1-1 项目经理部的规模

类 别	建筑面积/m²		投资额/元	人员配置数量/人
	群体工程	单体工程		
一级项目经理部	>15万	≥10万	≥8000万	30～45
二级项目经理部	10万～15万	5万～10万	3000万～8000万	20～30
三级项目经理部	2万～10万	1万～5万	500万～3000万	15～20

1.2.2 施工项目经理部组织形式

组织形式也称组织结构类型，是指一个组织以什么样的结构方式去处理层次、跨度、部门设置和上下级关系。施工项目组织的形式与企业的组织形式是不可分割的。

施工项目经理部常见的组织结构形式有直线制、职能制、矩阵制等。

矩阵制组织结构是一种较新型且常用的组织结构形式，是在传统的直线制和职能制的基础上加上横向领导系统，两者构成正如数学上的矩阵结构。项目经理对施工全过程负责，矩阵中每个职能人员都受双重领导。一个专业人员可能同时为几个项目服务，特殊人才可充分发挥作用，大大提高人才效率。矩阵制组织结构如图 1-1 所示，施工项目经理部矩阵制组织结构如图 1-2 所示。

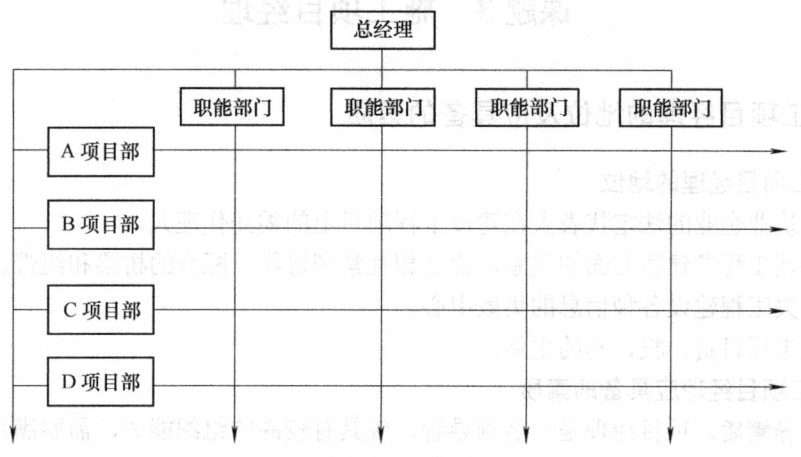

图 1-1 矩阵制组织结构

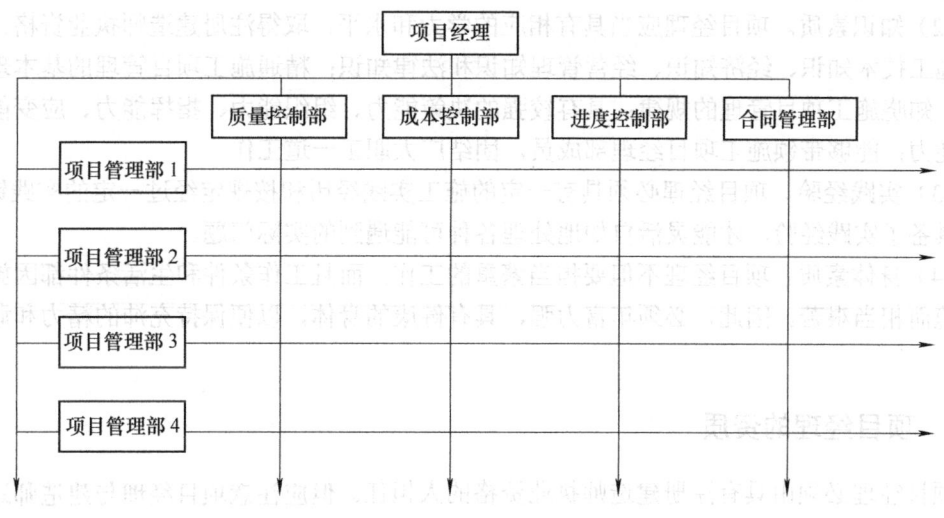

图 1-2 施工项目经理部矩阵制组织结构

矩阵制组织的优点：加强了各职能部门的横向联系，具有较大的机动性和适应性，有利于解决复杂难题。

矩阵制组织的缺点：纵横向协调工作量大，处理不当会造成"扯皮"现象，产生矛盾。

1.2.3 施工项目经理部的解体

施工项目经理部是一次性具有弹性的施工现场生产管理机构，工程竣工后，施工项目经理部应及时解体并做好善后工作。

施工项目经理部解体应具备下列条件：工程已经竣工验收；与各分包单位已经结算完毕；已协助企业管理层与发包人签订了工程质量保修书；项目管理目标责任书已经履行完成，经企业管理层审计合格；已与企业管理层办理了有关手续；现场最后清理完毕。

课题 3　施工项目经理

1.3.1　施工项目经理的地位及应具备的素质

1. 施工项目经理的地位

（1）建筑业企业的法定代表人在建设工程项目上的委托代理人。
（2）协调工程参建各方面的关系，使之相互紧密协作、配合的桥梁和纽带。
（3）有关工程建设各种信息的集散中心。
（4）施工项目责、权、利的主体。

2. 施工项目经理应具备的素质

（1）领导素质。项目经理是一名领导者，应具有较高的组织能力，需要满足下列要求：博学多识，明礼诚信；多谋善断，灵活机变；团结友爱，知人善任；公道正直，勤俭自强；铁面无私，赏罚分明。

（2）知识素质。项目经理应当具有相应的学力和水平，取得注册建造师执业资格；具备建筑施工技术知识、经济知识、经营管理知识和法律知识；精通施工项目管理的基本理论和方法，知晓施工项目管理的规律；具有较强的决策能力、组织能力、指挥能力、应变能力和经营能力；能够带领施工项目经理部成员，团结广大职工一道工作。

（3）实践经验。项目经理必须具有一定的施工实践经历和按规定经过一定的实践锻炼，只有具备了实践经验，才能灵活自如地处理各种可能遇到的实际问题。

（4）身体素质。项目经理不但要担当繁重的工作，而且工作条件和生活条件都因施工现场环境而相当艰苦。因此，必须年富力强，具有健康的身体，以便保持充沛的精力和顽强的意志。

1.3.2　项目经理的资质

项目经理必须由具有注册建造师执业资格的人担任。**但应注意项目经理与建造师这两个概念的区别和关系。项目经理是工作岗位，而建造师是执业资格**。取得建造师执业资格的人员表示其知识和能力符合建造师执业的要求，但其在企业中的工作岗位则由企业视工作需要和安排而定，执业的覆盖面较大，担任项目经理只是建造师执业中的一项。

1.3.3　项目经理的选择

1. 项目经理的选择方式

项目经理的选择一般有以下三种方式：
1）竞争招聘制；
2）经理委任制；
3）基层推荐、内部协调制。

项目经理一经任命产生后，其身份是企业法定代表人在项目上的委托代理人，双方经过协商，签订《项目管理目标责任书》，如无特殊原因，在项目未完成前不宜随意更换。

2．项目管理目标责任书

项目管理目标责任书应在项目实施之前，由法定代表人或其授权人与项目经理协商制定，它是考核项目经理的重要依据。

项目管理目标责任书的内容包括：

1）项目管理施工目标；
2）公司与项目经理部之间的责任、权限和利益分配；
3）项目设计、采购、施工和试运行等管理的内容和要求；
4）项目需用资源的提供方式和核算办法；
5）法定代表人向项目经理委托的特殊事项；
6）项目经理部应承担的风险；
7）项目管理目标的评价原则、内容和办法；
8）项目经理部奖惩的依据、标准和办法；
9）项目经理解职和项目经理部解体的条件及办法。

1.3.4 项目经理的责、权、利

1．项目经理的责任

项目经理应承担施工安全和工程质量的责任，要加强对建筑业企业项目经理市场行为的监督管理，对发生重大工程质量安全事故或市场违法违规行为的项目经理，必须依法予以严肃处理。

项目经理对施工承担全面管理的责任，工程项目施工应建立以项目经理为首的生产经营管理系统。项目经理在工程项目施工中处于中心地位，对工程项目施工负有全面管理的责任。

由于项目经理是施工企业内的一个工作岗位，项目经理的责任则由企业领导根据企业管理的体制和机制，根据项目的具体情况而定。企业针对每个项目有十分明确的管理职能分工表，其中明确了项目经理对哪些任务承担策划、决策、执行和检查等职能。

项目经理由于主观原因，或由于工作失误有可能承担法律责任和经济责任。政府主管部门追究的主要是其法律责任，企业追究的主要是其经济责任。但是，如果由于项目经理的违法行为而导致企业的损失，企业也有可能追究其法律责任。

2．项目经理的权限

项目经理应具有下列权限：

1）参与项目招标、投标和合同签订；
2）参与组建施工项目经理部；
3）主持施工项目经理部工作；
4）决定授权范围内的项目资金的投入和使用；
5）制定内部计酬办法；
6）参与选择并使用具有相应资质的分包人；
7）参与选择物资供应单位；
8）在授权范围内协调与项目有关的内、外部关系；
9）法定代表授予的其他权力。

3. 项目经理的相关利益

1）获得基本工资、岗位工资和绩效工资；

2）除按《项目管理目标责任书》可获得物质奖励外，还可获得表彰、记功、优秀项目经理等荣誉称号；

3）经审核和审计，未完成《项目管理目标责任书》确定的项目管理责任目标或造成亏损的，应按其中有关条款承担责任并接受经济或行政处罚。

课题 4 施工项目管理实施内容

施工项目管理的实施内容概括为"三控制、五管理、一协调"。

1.4.1 三控制

1. 施工项目进度控制

施工项目进度控制包括旬、月、季、年度和施工总进度计划控制。施工项目实施阶段的进度控制是指施工进度计划。施工进度计划是表示施工项目中各个单位工程或各分项工程的施工顺序、开竣工时间或相互衔接关系的计划。编制施工进度计划的关键之一是计划形式的选择。

施工进度计划的形式主要有横道计划和网络计划。横道计划的主要优点是时间明确；网络计划的主要优点是各项目之间的逻辑关系清楚。在选择进度控制计划模型时，网络计划优越得多，因为它可以提供时间控制的关系（关键线路），可以提供调整的机动时间（非关键线路上的时差），可以提供利用计算机制作的模型。调整信息、时间直观的时标网络计划可以弥补网络计划与横道计划相比之不足。

2. 施工项目质量控制

施工项目质量控制应坚持"质量第一、预防为主"的方针和"计划、执行、检查、处理"的循环工作方法，不断改进过程控制。

施工项目质量控制是工程建设质量管理中最重要的一环，施工项目质量控制的意义应当提高到工程建设质量乃至经济建设的高度来认识。

搞好工程质量，必须进行系统管理，主要从三个方面理解这个问题：

1）从工程质量的地位和作用来看，工程质量比服务质量和其他产品质量都重要，它既要满足用户的需要，也要作为一种艺术品，代表民族、时代和文化特征及精神风貌。工程质量与政治、经济、文化和科学技术等相联系。

2）工程质量是一个复杂的系统，涉及许多生产要素，任何一个生产要素有问题，都会影响工程质量。所以，要提高工程质量，必须从各生产要素入手，抓好系统管理。

3）工程质量的特性包括寿命、可靠性、维修性、安全性和经济性等。工程质量有差异性，在进行系统管理时，要具体问题具体分析，具体解决；工程质量有机制性，即工程质量与工程管理的机制相关，故在抓工程质量系统管理时，必须深化工程管理的机制改革；工程质量有它的竞争性，要完善工程质量，就要利用激励机制，如按质论价，优质优价；工程质量有劳动者素质性，劳动者素质的提高有一个过程，故工程质量的提高也需要一个过程。

强调工程质量的综合治理，就工程本身来讲，要强调六个并重：第一是设计与施工并重；

第二是结构与装修并重；第三是主体与配套并重；第四是操作与管理并重；第五是单体与群众并重；第六是质量保证与质量监督并重。

3．施工项目成本控制

施工项目成本控制，就是在其施工过程中，运用必要的技术与管理手段对物化劳动和活劳动消耗进行严格组织和监督的一个系统过程。施工企业应以施工项目成本控制为中心进行施工项目管理。

施工项目成本控制环节包括成本预测、成本计划、成本实施、成本核算、成本分析、成本考核、整理成本资料与编制成本报告等。

1.4.2 五管理

1．安全管理

安全管理是施工项目管理不可缺少的重要组成部分，贯穿于施工的全过程。在施工过程中，由于露天作业的现象较多，受自然环境影响如雨雪天气、骤冷、骤热、大风天气，且高处作业多、地下作业多、大型机械多、用电作业多、易燃物多，极易发生事故，故应将施工现场作为安全管理的重点。

施工现场的安全管理，重点是进行人的不安全行为和物的不安全状态的控制，落实安全措施，消除事故隐患，减少一般事故，杜绝伤亡事故，减少事故损失，从而保证安全管理目标的实现。

（1）**安全管理制度**。建设工程劳动人数众多，规模巨大，而且工作环境复杂多变，安全生产的难度很大。通过建立各项制度，规范建设工程的生产行为，对于提高建设工程安全生产水平是非常重要的。

《中华人民共和国建筑法》、《中华人民共和国安全生产法》、《安全生产许可证条例》、《建筑施工企业安全生产许可证管理规定》等与建设工程有关的法律法规和部门规章，对政府部门、有关企业及相关人员的建设工程安全生产和管理行为进行了全面的规范，确立了一系列建设工程安全生产管理制度。

1）涉及政府部门安全生产的监管制度有：

① 建筑施工企业安全生产许可制度；

② 三类安全人员考核任职制度；

③ 特种作业人员持证上岗制度；

④ 安全监督检查制度；

⑤ 危及施工安全的工艺、设备、材料淘汰制度；

⑥ 生产安全事故报告制度和施工起重机械使用等级制度。

2）涉及建筑业企业的安全生产制度有：

① 安全生产责任制度；

② 安全生产教育培训制度；

③ 专项施工方案专家论证审查制度；

④ 施工现场消防安全责任制度；

⑤ 意外伤害保险制度和生产安全事故应急救援制度等。

施工项目安全管理必须坚持"安全第一、预防为主"的方针。施工项目经理部应建立安全管理体系和安全生产责任制。安全员应持证上岗,保证项目安全目标的实现。项目经理是项目安全生产的总责任人。

(2)施工项目经理部专职安全管理人员的配备。建设部《建筑施工企业安全生产管理机构设置及专职安全生产管理人员配备办法》规定,工程项目应当成立由项目经理负责的安全生产领导小组,配备专职安全管理人员。

1)建筑工程、装修工程按照建筑面积:

① 1 万 m^2 及以下的工程至少 1 人;

② 1 万~5 万 m^2 的工程至少 2 人;

③ 5 万 m^2 以上的工程至少 3 人,应当设置安全主管,按土建、机电设备等设置专业安全生产管理人员。

2)土木工程、线路管道、设备按照安装总造价:

① 5000 万元以下的工程至少 1 人;

② 5000 万~1 亿元的工程至少 2 人;

③ 1 亿元以上的工程至少 3 人,应当设置安全主管,按土建、机电设备等设置专业安全生产管理人员。

3)劳务分包企业施工人员 50 人以下的,应当设置 1 名专业安全生产管理人员;50~200 人的,应当设置 2 名专业安全生产管理人员;200 人以上的,应根据所承担的分部分项工程施工危险实际情况增配,并不少于企业总人数的 5%。

2. 合同管理

合同管理是施工项目管理的重要内容之一,由于施工项目管理是在市场经济条件下进行的特殊交易活动的管理,这种交易活动从招投标开始,并持续于项目管理的全过程,因此必须依法签订合同,进行履约经营。合同经营的好坏直接涉及项目管理及工程施工的技术经济效果和目标现实。因此,要从招投标开始,加强工程施工合同的签订、履行和管理。合同管理是一项履法、守法活动,市场有国内市场和国际市场,因此合同管理势必涉及国内和国际上有关法规和合同文本、合同条件,在合同管理中应予高度重视。为了取得经济效益,还必须注意做好合同的索赔工作。

施工项目的合同管理应包括施工合同的订立、履行、变更、终止和解决争议。也应包括相关的分包合同、买卖合同、租赁合同等的管理。

3. 信息管理

信息管理是施工项目管理的重要组成部分,项目信息是预测项目未来、决策项目实施方案及追溯项目实施过程的依据,是施工项目管理的重要基础资源,施工项目信息管理的水平和质量是施工项目管理水平的具体反映。

施工项目经理部的信息范围应包括:从施工项目策划到竣工验收为止的,在项目管理过程中形成的各种数据、图表、图纸、文字和音像资料等。

用于施工项目管理的信息主要来自合同文本、各种变更洽商记录、会议纪要(简报)、电话记录、传真、媒体报道、方案、计划、图纸以及设计与技术方案、统计报表、施工记录、分析报告等。它们可以是纸介质的,也可以是电子文档。

施工项目经理部应负责收集、整理本项目范围内的信息。实行总、分包的项目,项目分包人应负责分包范围内的信息收集、整理,项目总承包人负责汇总、整理各分包人的全部信息。

4．现场生产要素管理

施工项目的生产要素是指生产力作用于施工项目的有关要素，也可以说是投入施工项目的劳动力、材料、机械设备、技术和资金等诸要素。加强施工项目管理，必须对施工项目的生产要素认真研究，强化其管理。

施工项目生产要素管理有以下 5 个特点。

（1）劳动力。施工项目中的劳动力使用，关键在提高工作效率，调动职工的工作积极性。调动工作积极性最好的办法是加强思想政治工作和利用行为科学，从劳动力个人的需要和行为的关系观点出发，进行恰当的激励。

（2）材料。建筑材料按在生产中的作用可分为主要材料、辅助材料和其他材料。其中主要材料指在施工中被直接加工，构成工程实体的各种材料，如钢材、水泥、木材、砂、石等。辅助材料指在施工中有助于产品的形式，但不构成实体的材料，如促凝剂、脱模机、润滑物等。其他材料指不构成工程实体，但又是施工中必需的材料，如燃料、油料、砂纸、棉纱等。另外，周转材料（如脚手架材、模板材等）、工具、预制构配件、机械零配件等，都因在施工中有独特作用而自成一类，其管理方式与建筑材料基本相同。

建筑材料还可以按其自然属性分类，包括：金属材料、硅酸盐材料、电器材料、化工材料、金属材料等。它们的保管、运输各有不同的要求，需分别对待。

施工项目材料管理的重点在施工现场，应在使用中节约和核算。就节约来讲，其潜力是最大的。

（3）机械设备。施工项目的机械设备，主要是指作为大型工具使用的大、中、小型机械，既是固定资产，又是劳动手段。施工项目机械设备管理的环节包括选择、使用、保养、维修、改造、更新。其关键在使用，使用的关键是提高机械效率，提高机械效率必须提高利用率和完好率。应该通过机械设备管理，寻找提高利用率和完好率的措施。利用率的提高靠人，完好率的提高在于保养和维修。

（4）技术。技术的含义很广，指操作技能、劳动手段、劳动者素质、生产工艺、试验检验、管理程序和方法等。任何物质生产活动都是建立在一定的技术基础上的，也是在一定技术要求和技术标准的控制下进行的。随着生产力的发展，技术水平也在不断提高，技术在生产中的地位和作用也越来越重要。对施工项目来说，由于其单件性、露天性、宽大而复杂性等特点，决定了技术的作用更显重要。施工项目技术管理，是对各项技术工作要素和技术活动过程的管理。技术工作要素包括技术人才、技术装备、技术规程、技术资料等；技术活动过程指技术计划、技术运用、技术评价等。技术作用的发展，除决定于技术本身的水平外，极大程度上还依赖于技术管理水平。没有完善的技术管理，先进的技术是难以发挥作用的。施工项目技术管理的任务有四项：一是正确贯彻国家和行政主管部门的技术政策，贯彻上级对技术工作的指示与决定；二是研究、认识和利用技术规律，科学地组织各项技术工作，充分发挥技术的作用；三是确立正常的生产技术秩序，进行文明施工，以技术保工程质量；四是努力提高技术工作的经济效果，使技术与经济有机地结合。

（5）资金。施工项目的资金，从流动过程来讲，首先是投入，即筹集到的资金投入到施工项目上；其次是使用，也就是支出。资金管理，也就是财务管理，它主要有以下环节：编制资金计划，筹集资金，投入资金（施工项目经理部收入），资金使用（支出），资金核算与分析。施工项目资金管理的重点是收入与支出问题,涉及核算、筹资、贷款、利息、利润、税收等方面的问题。

5. 施工项目现场管理

施工项目现场指从事工程施工活动经批准占用的施工场地。该场地既包括红线以内占用的建筑用地和施工用地,又包括红线以外现场附近经批准占用的临时施工用地。它的管理是指对这些场地如何科学安排、合理使用,并与各种环境保持协调关系。

(1) 施工项目现场管理的目的。"规范场容、文明施工、安全有序、整洁卫生、不扰民、不损害公共利益",这就是施工项目现场管理的目的。

(2) 施工项目现场管理的内容。
1) 合理规划施工用地;
2) 在施工组织设计中,科学地进行施工总平面设计;
3) 根据施工进展的具体要求,按阶段调整施工现场的平面布置;
4) 加强对施工现场的检查;
5) 建立文明的施工现场;
6) 及时清场转移。

1.4.3 一协调(组织协调)

施工项目管理的组织协调包括内部关系协调和外部关系协调。

1. 内部关系

内部关系包括项目经理部内部关系,项目经理部与企业的关系,项目经理部与作业层的关系。

2. 外部关系

(1) 近外层关系。近外层关系是指与承包人**有直接**的和间接合同的关系。包括与发包人、监理人、设计人、供应人、分包人、贷款人、保险人等的关系。**近外层关系的协调应作为项目管理组织协调的重点。**

(2) 远外层关系。远外层关系是指与承包人虽无直接或间接合同关系,但却有着法律、法规和社会公德等约束关系。包括承包人与政府、环保、交通、环卫、绿化、文物、消防、公安等单位的关系。

3. 组织协调的内容

组织协调的内容包括人际关系、组织关系、供求关系、协作配合关系和约束关系等。

(1) 人际关系的协调,包括施工项目组织内部人际关系的协调和施工项目组织与关联单位的人际关系的协调。

施工项目组织内部人际关系是指施工项目经理部各成员之间、项目经理部成员与下属班组之间、班组相互之间的人员工作关系的总称。内部人际关系的协调主要通过各种交流、活动,增进相互之间的了解和亲和力,促进相互之间的工作支持,另外还可以通过调解、互谅互让来缓和工作之间的利益冲突,化解矛盾,增强责任感,提高工作效率。

施工项目组织与关联单位的人际关系是指项目组织成员与承包人管理人员和职能部门成员、近外层关系单位工作人员之间的工作关系的总称。与关联单位之间的人际关系协调同样也要通过各种途径加强友谊,增进了解,提高相互之间的信任度,有效地避免和化解矛盾,从而提高工作效率。

（2）组织关系协调主要是对施工项目组织内部各部门之间工作关系的协调，具体包括各部门之间的合理分工和有效协作。分工和协作同等重要，合理的分工能保证任务之间的平衡匹配，有效协作既避免了相互之间利益的分割，又提高了工作效率。

（3）供求关系的协调主要是保证项目实施过程中所发生的人力、材料、机械设备、技术、资金、信息等生产要素的供应，要优质、优价和适时、适量，避免相互之间产生矛盾。

（4）协作配合协调主要是指与近外层关系的协作配合协调和与内部各部门、各层次之间协作关系的协调。这种关系的协调主要通过各种活动的交流，相互了解，相互支持，缩短距离，增强凝聚力，实现相互之间协作配合的高效化。

（5）约束关系的协调包括法律、法规的约束关系的协调和合同约束关系的协调。法律法规的约束关系主要是通过提示、教育等手段提高关系双方的法律法规意识，避免产生矛盾，及时、有效地解决矛盾。合同约束关系主要通过过程监督和适时检查以及教育等手段主动杜绝冲突和矛盾，或者依照合同及时、有效地解决矛盾。

课题 5　建设工程监理

1.5.1　建设工程监理的基本概念

1．建设工程监理的概念

建设工程监理，是指具有相应资质的工程监理企业，接受建设单位的委托，承担其项目管理工作，并代表建设单位对承建单位的建设行为进行监控的专业化服务活动。

建设单位，也称为业主、项目法人，是委托监理的一方。建设单位在工程建设中拥有确定建设工程规模、标准、功能以及选择勘察、设计、施工、监理单位等建设中重大问题的决定权。

2．建设工程监理的作用

建设单位的工程项目实行专业化、社会化管理在国外已有一百多年的历史，现在越来越显现出强劲的生命力，在提高投资的经济效益方面发挥了重要作用。我国实施建设工程监理的时间虽然不长，但已经发挥出明显的作用，为政府和社会所承认。建设工程监理的作用主要表现在以下几方面：

1）有利于提高建设工程投资决策科学化水平；
2）有利于规范工程建设参与各方的建设行为；
3）有利于促使承建单位保证建设工程质量和使用安全；
4）有利于实现建设工程投资效益最大化。

3．建设工程监理的性质

（1）服务性。建设工程监理具有服务性，是从它的业务性质方面决定的。建设工程监理的主要方法是规划、控制、协调，主要任务是控制建设工程的投资、进度和质量，最终要达到的基本目的是协助建设单位在计划内将建设工程建成投入使用。这就是建设工程监理管理服务的内涵。

（2）科学性。科学性是由建设工程监理要达到的基本目的决定的。建设工程监理以协助建设单位实现其投资目的为己任，力求在计划的目标内建成工程。面对工程规模日趋庞大，环境日益复杂，功能、标准要求越来越高，新技术、新工艺、新材料、新设备不断涌现，参加建设的单位越来越多，市场竞争日益激烈，风险日渐增加的情况，只有采用科学的思想、理论、方法和手段才能驾驭工程建设。

（3）独立性。工程监理单位应当严格地按照有关法律、法规、工程建设文件、工程建设技术标准、建设工程委托监理合同、有关的建设工程合同等的规定实施监理；在委托监理的工程中，与承建单位不得有隶属关系和其他利害关系；在开展工程监理的过程中，必须建立自己的组织，按照自己的工作计划、程序、流程、方法、手段，根据自己的判断，独立地开展工作。

（4）公正性。公正性是社会公认的职业道德准则，是监理行业能够长期生存和发展的基本职业素质。在开展建设工程监理的过程中，工程监理企业应当排除各种干扰，客观、公正地对待监理的委托单位和承建单位。特别是当这两方发生利益冲突或者矛盾时，工程监理企业应以事实为依据，以法律和有关合同为准绳，在维护建设单位合法权益的同时，不损害承建单位的合法权益。

4．建设工程监理的范围

建设工程监理的范围可以分为监理的工程范围和监理的建设阶段范围。

（1）工程范围。为了有效发挥建设工程监理的作用，加大推行监理的力度，根据《中华人民共和国建筑法》，国务院公布的《建设工程质量管理条例》对实行强制性监理的工程范围作了原则性的规定，建设部又进一步在《建设工程监理范围和规模标准规定》中对实行强制性监理的工作范围作了具体规定。下列建设工程必须实行监理。

1）国家重点建设工程：依据《国家重点建设项目管理办法》所确定的对国民经济和社会发展有重大影响的骨干项目。

2）大中型公用事业工程：项目投资额在 3000 万元以上的供水、供电、供气、供热等市政工程项目；科技、教育、文化等项目；体育、旅游、商业等项目；卫生、社会福利等项目；其他公用事业项目。

3）成片开发建设的住宅小区工程：建筑面积在 5 万平方米以上的住宅建设工程。

4）利用外国政府或者国际组织贷款、援助资金的工程：包括使用世界银行、亚洲开发银行等国际组织贷款资金的项目；使用国外政府及其机构贷款资金的项目；使用国际组织或者国外政府援助资金的项目。

5）国家规定必须实行监理的其他工程：项目总投资额在 3000 万元以上关系社会公共利益、公众安全的交通运输、水利建设、城市基础设施、生态环境保护、信息产业、能源等基础设施项目，以及学校、影剧院、体育场馆项目。

（2）建设阶段范围。建设工程监理也可以适用于工程建设投资决策阶段和实施阶段，但目前主要是建设工程施工阶段。

1.5.2 工程施工阶段的建设监理工作

1．施工阶段的质量控制

1）对所有的隐蔽工程在进行隐蔽以前进行检查和办理签证，对重点工程由监理人员驻点跟踪监理，签署重要的分项、分部工程和单位工程质量评定表；

2）对施工测量和放样进行检查，对发现的质量问题应及时通知施工单位纠正，并做监理记录；

3）检查和确认运到施工现场的材料、构件和设备的质量，并应查验实验和化验报告单，监理工程师有权禁止不符合质量要求的材料和设备进入工地和投入使用；

4）监督施工单位严格按照施工规范和设计文件要求进行施工；

5）监督施工单位严格执行施工合同；

6）对工程主要部位、主要环节及技术复杂工程加强检查；

7）检查和评价施工单位的工程自检工作；

8）对施工单位的检测仪器设备、度量衡定期检验，不定期地进行抽验，以确保度量资料的准确；

9）监督施工单位对各类构件和试件按规定进行检查和抽查；

10）监督施工单位认真处理施工中发生的一般质量事故，并认真做好记录；

11）将大和重大质量事故以及其他紧急情况报告业主；

12）督促和检查施工单位及时整理竣工文件和验收资料，受理施工单位工程竣工验收报告，并提出意见；

13）根据施工单位的竣工报告，提出工程质量检验报告；

14）组织工程预验收，参加业主组织的竣工验收。

2. 施工阶段的进度控制

1）监督施工单位严格按照施工合同规定的工期组织施工；

2）进行施工进度的动态控制；

3）建立工程进度台账，核对工程形象进度，按月、季和年度向业主报告工程执行情况、工程进度以及存在的问题。

3. 施工阶段的投资控制

1）审查施工单位申报的月度和季度计量表、认真核对其工程数量，不超计，不漏计，严格按合同规定进行计量支付签证；

2）建立计量支付签证台账，定期与施工单位核对清算；

3）从投资控制角度审核设计变更。

4. 施工阶段合同管理

1）拟定合同结构和合同管理制度，包括合同草案的拟定、会签、协商、修改、审批、签署和保管等工作制度及流程；

2）协助业主拟订工程的各类合同条款，并参与各类合同的商谈；

3）对合同执行情况进行分析和跟踪管理；

4）协助业主处理与工程有关的索赔事宜及合同争议事宜。

1.5.3 旁站监理

（1）旁站监理是指监理人员在建筑工程施工阶段中，对关键部位、关键工序的施工质量实施全过程现场跟班的监督活动。

（2）旁站监理规定的建筑工程的关键部位、关键工序，在基础工程方面包括：土方回填；混凝土灌注桩浇筑；地下连续墙；土钉墙；后浇带及其他结构混凝土；防水混凝土浇筑；卷材防水层细部构造处理；钢结构安装。在主体结构工程方面包括：梁柱节点钢筋隐蔽过程；混凝土浇筑；预应力张拉；装配式结构安装；钢结构安装；网架结构安装；索膜安装。

（3）施工单位根据监理单位制定的旁站监理方案，在需要实施旁站监理的关键部位、关键工序进行施工前 24 小时内，应当书面通知监理单位派驻工地的项目监理机构。项目监理机构应当安排旁站监理人员按照旁站监理方案实施旁站监理。

（4）旁站监理人员的主要职责是：

1）检查施工单位现场质检人员到岗、特殊工种人员持证上岗以及施工机械、建筑材料的准备情况；

2）在现场跟班监督关键部位、关键工序的施工执行施工方案以及工程建设强制性标准的情况；

3）检查进场建筑材料、建筑构配件、设备和商品混凝土的质量检验报告等，并可在现场监督施工单位进行检验或者委托具有资格的第三方进行复验；

4）做好旁站监理记录和监理日记，保存旁站监理原始资料。

（5）旁站监理人员应当认真履行职责，对需要实施旁站监理的关键部位、关键工序在施工现场跟班监督，及时发现和处理旁站监理工程中出现的质量问题，如实、准确地做好旁站监理记录。

（6）旁站监理人员实施旁站监理时，发现施工单位有违反工程建设强制性标准行为的，有权责令施工单位立即整改；发现其施工活动已经或者可能危及工程质量的，应当及时向监理工程师或者总监理工程师报告，**由总监理工程师下达局部暂停施工指令或者采取其他应急措施**。

单元小结

本单元主要讲述了施工项目的概念；施工项目管理的含义、组织形式、内容，项目经理的责、权、利等方面的基本知识。施工项目管理是建筑业企业运用系统的观点、理论和方法对施工项目进行的计划、组织、监督、控制、协调等全过程、全方位的管理。其项目管理的目标包括施工项目的成本目标、施工项目的进度目标和施工项目的质量目标。施工项目管理工作主要在施工阶段进行，但它涉及设计准备阶段、设计阶段、动用前准备阶段和保修期。在工程实践中，设计阶段和施工阶段往往是交叉的，因此施工方的项目管理工作也涉及设计阶段。施工项目管理的实施内容概括为"进度、质量、成本三大目标控制；安全管理、合同管理、信息管理、生产要素管理、施工现场管理五管理及组织协调"。

复习思考题

1. 项目的概念是什么？有何特征？
2. 施工项目的概念是什么？有何特征？
3. 施工项目管理的概念是什么？有何特征？
4. 施工项目经理部的部门是如何设置的？
5. 矩阵制组织结构的优、缺点有哪些？

6. 项目经理的责、权、利有哪些?
7. 项目经理与建造师的关系与区别是什么?
8. 施工项目管理实施内容的"三控制、五管理、一协调"指的是什么?
9. 简述施工项目生产要素管理的内容。
10. 施工项目管理的过程管理包含了哪些阶段?
11. 施工项目管理需协调哪些近外层关系?
12. 简述建设工程监理的性质及范围。
13. 简述建设工程监理的工作程序。
14. 简述施工阶段建设工程监理工作的主要任务。

单元 2　施工项目成本控制

【单元概述】

本单元主要介绍建筑安装工程费用的组成和建设工程定额，施工成本管理的任务与措施，重点阐述施工项目成本分析的方法，建筑安装工程费用成本的结算，工程变更价款的确定，索赔费用的组成等。

【学习目标】

通过本单元的学习，学生应掌握建筑安装工程费用的组成；了解建设工程定额；理解施工成本管理的任务与措施及施工成本预测；熟悉施工成本计划的编制及成本分析的方法；了解工程变更价款的确定及索赔费用的组成；理解建筑安装工程费用的结算。

课题 1　建筑安装工程费用和建设工程定额

2.1.1　建筑安装工程费用项目的组成

建筑安装工程费用由直接费、间接费、利润和税金组成，如图 2-1 所示。

直接费由直接工程费和措施费组成，间接费由规费和企业管理费组成。

1. 直接工程费

直接工程费是指施工过程中构成工程实体所耗费的各项费用，包括人工费、材料费、施工机械使用费。

（1）**人工费**。人工费是指直接从事建筑安装工程施工的生产工人开支的各项费用，不包括管理人员和机上操作人员所发生的各项费用，包括以下内容：

1）基本工资；
2）工资性补贴；
3）生产工人辅助工资；
4）职工福利费；
5）生产工人劳动保护费。

（2）**材料费**。材料费是指施工过程中耗用的构成工程实体的原材料、辅助材料、构配件、零件、半成品的费用，包括以下内容：

1）材料原价（或供应价格）；
2）材料运杂费；
3）运输损耗费；
4）采购及保管费；
5）检验试验费。

其中前四项费用组成材料基价。

材料费=材料基价×消耗量+检验试验费

材料基价=（材料原价+运杂费）×（1+运输损耗率）×（1+采购及保管费率）

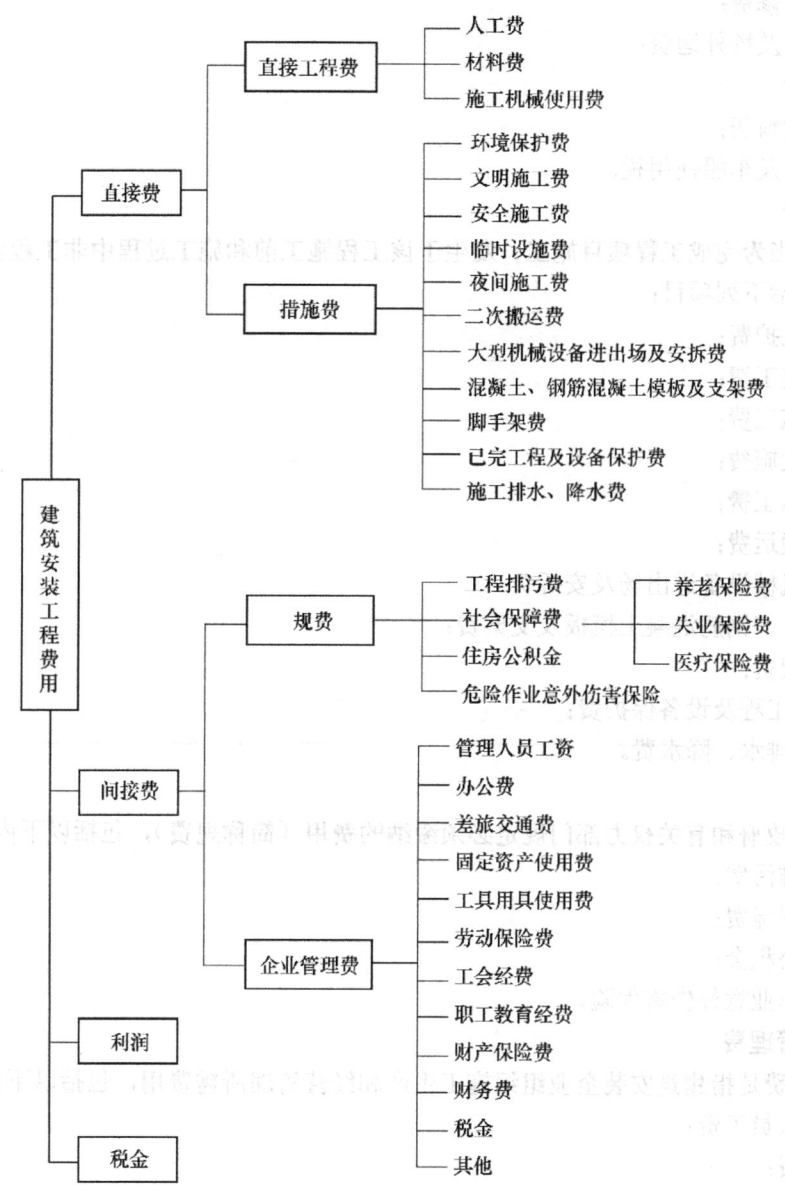

图 2-1　建筑安装工程费用的组成

【例 2-1】 某工程项目采用甲材料 200 吨，甲材料供应价为 1000 元/吨，运杂费为 15 元/吨，运输损耗率为 2%，采购及保管费率为 1%，该批材料检验试验费为 6000 元，则工程甲材料费为多少元？

解　200 吨×（1+2%）×（1000+15）元/吨×（1+1%）+6000 元=215130.6 元

（3）施工机械使用费。施工机械使用费是指施工机械作业所发生的机械使用费以及机械

安拆费和场外运费。包括以下内容：
1）折旧费；
2）大修理费；
3）经常维修费；
4）安拆费及场外运费；
5）人工费；
6）动力燃料费；
7）养路费及车船使用税。

2. 措施费

措施费是指为完成工程项目施工，发生于该工程施工前和施工过程中非工程实体项目的费用，一般包括下列项目：
1）环境保护费；
2）文明施工费；
3）安全施工费；
4）临时设施费；
5）夜间施工费；
6）二次搬运费；
7）大型机械设备进出场及安拆费；
8）混凝土、钢筋混凝土模板及支架费；
9）脚手架费；
10）已完工程及设备保护费；
11）施工排水、降水费。

3. 规费

规费是指政府和有关权力部门规定必须缴纳的费用（简称规费），包括以下内容：
1）工程排污费；
2）社会保障费；
3）住房公积金；
4）危险作业意外伤害保险。

4. 企业管理费

企业管理费是指建筑安装企业组织施工生产和经营管理所需费用，包括以下内容：
1）管理人员工资；
2）办公费；
3）差旅交通费；
4）固定资产使用费；
5）工具用具使用费；
6）劳动保险费；
7）工会经费；
8）职工教育经费；
9）财产保险费；

10）财务费；

11）税金；

12）其他。

具体计算公式为

$$间接费=计算基数\times 间接费率$$

计算基数可采用：

1）以直接费为计算基数；

2）以人工费和施工机械使用费合计为计算基数；

3）以人工费为计算基数。

5. 利润

利润是指施工企业完成所承包工程获得的盈利。按照不同的计价程序，利润的计算方法有所不同。具体计算公式为

$$利润=计算基数\times 利润率$$

计算基数可采用：

1）以直接费和间接费合计为计算基数；

2）以人工费和施工机械使用费合计为计算基数；

3）以人工费为计算基数。

6. 税金

建筑安装工程税金是指国家税法规定的应计入建筑安装工程造价的营业税、城市维护建设税及教育费附加。

$$税金=（直接费+间接费+利润）\times 税率$$

税率取定：纳税人所在地为市区的，税率为 3.41%；纳税人所在地为县镇的，税率为 3.35%；纳税人所在地为农村的，税率为 3.22%。

2.1.2 建筑安装工程费用计价程序

1. 工料单价法计价程序

工料单价法是指计算出分部分项工程量后乘以工料单价，合计得到直接工程费，直接工程费汇总后再加措施费、间接费、利润和税金生成工程承发包价。因取费基数不同，计算程序分为三种。

（1）以直接费为计算基数

$$含税造价=直接费\times （1+间接费率）\times （1+利润率）\times （1+税率）$$

（2）以人工费和施工机械使用费为计算基数

$$含税造价=[直接费+（人工费+施工机械使用费）\times （间接费率+利润率）]\times （1+税率）$$

（3）以人工费为计算基数

$$含税造价=[直接费+人工费\times （间接费率+利润率）]\times （1+税率）$$

【例 2-2】某土方工程直接工程费为 300 万元，以直接费为取费基础计算建筑安装工程费，其中措施费为直接工程费的 5%，间接费率为 8%，利润率为 4%，综合税率为 3.41%，计算该工程的建筑安装工程造价。

解 含税造价=300 万元×（1+5%）×（1+8%）×（1+4%）×（1+3.41%）=365.873 万元

2. 综合单价法计价程序

综合单价分为全费用综合单价和部分费用综合单价，全费用综合单价其单价内容包括直接工程费、措施费、间接费、利润和税金。

综合单价如果是全费用综合单价，则综合单价乘以各分项工程量汇总后，就生成工程承发包价格。部分费用综合单价，只包括人工费、材料费、机械台班使用费、管理费、利润及一定范围的风险费用，则综合单价乘以各分项工程量汇总后，还须加上措施费、规费和税金，才得到工程承发包价格。

2.1.3 建设工程定额的分类

建设工程定额是工程建设中各类定额的总称。为对建设工程定额有一个全面的了解，可以按照不同的原则和方法对其进行科学的分类。

1. 按生产要素内容分类

（1）人工定额。

（2）材料消耗定额。

（3）施工机械台班使用定额。

2. 按编制程序和用途分类

（1）施工定额。施工定额是施工企业（建筑安装企业）在企业内部组织生产和加强管理使用的一种定额，属于企业定额的性质。施工定额是工程建设定额中分项最细、定额子目最多的一种定额，也是建设工程定额中的基础性定额。施工定额由人工定额、材料消耗定额和机械台班使用定额组成。施工定额也是编制预算定额的基础。

（2）预算定额。预算定额是以施工定额为基础综合扩大编制的，同时也是编制概算定额的基础。预算定额是编制施工图预算的主要依据，是确定工程造价、控制建设工程投资的基础和依据。预算定额是社会性的，所确定的指标反映社会平均水平。

（3）概算定额。概算定额一般是在预算定额的基础上综合扩大而成的，每一综合分项概算定额都包含了数项预算定额。

（4）概算指标。概算指标是以更为扩大的计量单位来编制的。是设计单位编制设计概算或建设单位编制年度投资计划的依据，也可作为编制估算指标的基础。

（5）投资估算指标。投资估算指标是在项目建议书和可行性研究阶段编制投资估算、计算投资需要量时使用的一种指标，是合理确定建设工程项目投资的基础。

3. 按编制单位和适用范围分类

（1）全国统一定额。

（2）行业定额。

（3）地区定额。

（4）企业定额。

课题 2　施工成本管理

2.2.1　施工成本管理的任务

施工成本是指在建设工程项目的施工过程中所发生的全部生产费用的总和，**由直接成本和间接成本组成**。直接成本是指施工过程中耗费的构成工程实体或有助于工程实体形成的各项费用的支出，是可以直接计入工程对象的费用，包括人工费、材料费、施工机械使用费和措施费等。**间接成本**是指为施工准备、组织和管理施工生产的全部费用的支出，是非直接用于也无法直接计入工程对象，但为进行工程施工所必须发生的费用，包括管理人员工资、办公费、差旅交通费等。

施工成本管理的任务主要包括：施工成本预测；施工成本计划；施工成本控制；施工成本核算；施工成本分析；施工成本考核。

1．施工成本预测

施工成本预测是指根据成本信息和施工项目的具体情况，运用专门的方法，对未来的成本水平及其可能的发展趋势做出科学的估计，是在工程施工之前对成本进行的估算。通过成本预测，可以在满足项目业主和本企业要求的前提下，选择成本低、效益好的最佳成本方案，并能够在施工项目成本形成过程中，针对薄弱环节，加强成本控制，克服盲目性，提高预见性。因此，施工成本预测是施工项目成本决策与计划的依据。

2．施工成本计划

施工成本计划是以货币形式编制施工项目在计划期内的生产费用、成本水平、成本降低率以及为降低成本所采取的主要措施和规划的书面方案，它是建立施工项目成本管理责任制、开展成本控制和核算的基础，是该项目降低成本的指导文件，是设立目标成本的依据。

3．施工成本控制

建设工程项目施工成本控制贯穿于项目的投标阶段直至竣工验收的全过程，它是企业全面成本管理的重要环节。施工成本控制可分为事先控制、事中控制和事后控制。在项目的施工过程中，需按动态控制原理对实际施工成本的发生过程进行有效控制。

合同文件和成本计划是成本控制的目标，进度报告和工程变更与索赔资料是成本控制过程中的动态资料。

4．施工成本核算

施工成本核算包括两个基本环节：第一，按照规定的成本开支范围对施工费用进行归集和分配，计算出施工费用的实际发生额；第二，根据成本核算对象，采用适当的方法，计算出该施工项目的总成本和单位成本。施工成本管理需要正确及时地核算施工过程中发生的各项费用，计算施工项目的实际成本。施工项目成本核算所提供的各种成本信息，是成本预测、成本计划、成本控制、成本分析和成本考核等各个环节的依据。

施工成本核算的基本内容包括：

1）人工费核算；

2）材料费核算；

3）周转材料费核算；

4）结构件费核算；
5）机械使用费核算；
6）其他措施费核算；
7）分包工程成本核算；
8）间接费核算；
9）项目月度施工成本报告编制。

5．施工成本分析

施工成本分析是在施工成本核算的基础上，对成本的形成过程和影响成本升降的因素进行分析，以寻求进一步降低成本的途径，包括有利偏差的挖掘和不利偏差的纠正。

6．施工成本考核

施工成本考核是指在施工项目完成后，对施工项目成本形成中的各责任者，按施工项目成本目标责任制的有关规定，将成本的实际指标与计划、定额、预算进行对比和考核，评定施工项目成本计划的完成情况和各责任者的业绩，并以此给以相应的奖励和处罚。

施工成本管理的每一个环节都是相互联系和相互作用的。成本预测是成本决策的前提，成本计划是成本决策中确定的目标的具体化。成本计划控制则是对成本计划的实施进行控制和监督，保证决策中成本目标的实现，而成本核算又是对成本计划是否实现的最后检验，它所提供的成本信息对下一个施工项目成本预测和决策提供基础资料。成本考核是实现成本目标责任制的保证和实现决策目标的重要手段。

2.2.2 施工成本管理的措施

为了取得施工成本管理的理想效果，应当从多方面采取措施实施管理，通常可以将这些措施归纳为组织措施、技术措施、经济措施、合同措施。

1．组织措施

项目经理、经营部、经济部、财务部及其他部门和班组应各负其责，精心组织，为增收节支尽责尽职。

2．技术措施

1）制定先进的、经济合理的施工方案，以达到缩短工期、提高质量、降低成本的目的；
2）在施工过程中努力寻求各种降低消耗、提高工效的新工艺、新技术、新材料；
3）严把质量关，杜绝返工现象，缩短验收时间，节省费用开支。

3．经济措施

经济措施是最易被人们所接受和采用的措施。管理人员应编制资金使用计划，确定、分解施工成本管理目标。对施工成本管理目标进行风险分析，并制定防范性对策。

4．合同措施

采用合同措施控制施工成本，应贯穿整个合同周期，包括从合同洽谈开始到合同终结的全过程。首先是选用合适的合同结构，对各种合同结构模式进行分析、比较，在合同洽谈时，要争取选用适合于工程规模、性质和特点的合同结构模式。其次，在合同的条款中应仔细考虑一切影响成本和效益的因素，特别是潜在的风险因素。通过对引起成本变动的风险因素的识别和分析，采取必要的风险对策，如通过合理的方式，增加承担风险的个体数量，降低损失发生的比例，并最终使这些策略反映在合同的具体条款中。在合同执行期间，合同管理的措施既要密切注视对方合同执行的情况，以寻求合同索赔的机会；同时也要密切关注自己履行合同的情况，防止被对方索赔。

课题 3 施工成本计划

2.3.1 施工成本计划的编制

1. 施工成本计划的编制原则

为了使成本计划能够发挥它的积极作用，在编制施工成本计划时应掌握以下原则。

（1）**从实际情况出发的原则**。编制成本计划必须根据国家的方针政策，从企业的实际情况出发，充分挖掘企业内部潜力，使降低成本的方法既积极可靠，又切实可行。施工项目管理部门降低成本的潜力在于正确选择施工方案，合理组织施工，提高劳动生产率，改善材料供应，降低材料消耗，提高机械利用率，节约施工管理费用等。绝不能为降低成本而偷工减料，忽视质量，不顾机械的维护修理而拼机械，片面增加劳动强度，加班加点，或减掉合理的劳保费用，忽视安全工作。

（2）**与其他计划相结合的原则**。编制成本计划，必须与施工项目的其他各项计划如施工方案、生产进度、财务计划、材料供应及耗费计划等密切结合，保持平衡。成本计划一方面要根据施工项目的生产、技术组织措施、劳动工资、材料供应等计划来编制，另一方面又影响着其他各种计划的指标，制订其他计划时，应考虑适应降低成本的要求，与成本计划密切配合，而不能单纯考虑每一种计划本身的需要。

（3）**采用先进的技术经济定额的原则**。编制成本计划，必须以各种先进的技术经济定额为依据，并针对工程的具体特点，采取切实可行的技术组织措施。只有这样，才能使编制出的成本计划既有科学根据，又有实现的可能，也只有这样，才能使编制出的成本计划起到促进和激励的作用。

（4）**统一领导、分级管理的原则**。编制成本计划，应实行统一领导、分级管理的原则，采取走群众路线的工作方法，应在项目经理的领导下，以财务和计划部门为中心，发动全体职工共同进行，总结降低成本的经验，找出降低成本的正确途径，使成本计划的制订和执行具有广泛的群众基础。

（5）**弹性原则**。编制成本计划，应留有充分余地，保持计划具有一定弹性。在计划期内，项目经理部的内部或外部的技术经济状况和供产销条件，很可能发生一些在编制计划时所未预料的变化，尤其是材料供应、市场价格变化，给计划拟定带来很大困难。因此，在编制计划时应充分考虑到这些情况，使计划保持一定的应变适应能力。

2. 施工成本计划的编制依据

施工成本计划是施工成本控制的一个重要环节，是实现降低施工成本任务的指导性文件。施工成本计划的编制依据包括：

1）投标报价文件；
2）企业定额、施工预算；
3）施工组织设计或施工方案；
4）人工、材料、机械台班的市场价；

5）企业颁布的材料指导价、企业内部机械台班价格、劳动力内部挂牌价格；

6）周转设备内部租赁价格、摊销损耗标准；

7）已签订的工程合同、分包合同（或估价书）；

8）结构件外加工计划和合同；

9）有关财务成本核算制度和财务历史资料；

10）施工成本预测资料；

11）拟采取的降低施工成本的措施；

12）其他相关资料。

3．施工成本计划的类型

对于一个施工项目而言，其成本计划的编制是一个不断深化的过程。在这一过程的不同阶段形成深度和作用不同的成本计划，按其作用可分为三类。

（1）**竞争性成本计划**。竞争性成本计划即工程项目投标及签订合同阶段的估算成本计划。这类成本计划是以招标文件中的合同条件、投标者须知、技术规程、设计图纸或工程量清单等为依据，以有关价格条件说明为基础，结合调研和现场考察获得的情况，根据本企业的工料消耗标准、水平、价格资料和费用指标，对本企业完成招标工程所需要支出的全部费用的估算。在投标报价过程中，虽也着力考虑降低成本的途径和措施，但总体上较为粗略。

（2）**指导性成本计划**。指导性成本计划即选派项目经理阶段的预算成本计划，是项目经理的责任成本目标。它是以合同标书为依据，按照企业的预算定额标准制定的设计预算成本计划，一般情况下只是确定责任总成本指标。

（3）**实施性成本计划**。实施性成本计划即项目施工准备阶段的施工预算成本计划，它以项目实施方案为依据，以落实项目经理责任目标为出发点，采用企业的施工定额，通过施工预算的编制形成实施性施工成本计划。

施工预算和施工图预算虽仅一字之差，但区别较大。

1）编制的依据不同。施工预算的编制以施工定额为主要依据，施工图预算的编制以预算定额为主要依据，施工定额比预算定额划分得更详细、更具体。

2）适用的范围不同。施工预算是施工企业内部管理用的一种文件，与建设单位无直接关系；而施工图预算既适用于建设单位，又适用于施工单位。

3）发挥的作用不同。施工预算是施工企业组织生产、编制施工计划、准备现场材料、签发任务书、考核功效、进行经济核算的依据，它也是施工企业改善经营管理、降低生产成本和推行内部经营承包责任制的重要手段；而施工图预算则是投标报价的主要依据。

以上三类成本计划互相衔接、不断深化，构成了整个工程施工成本的计划过程。其中，竞争性成本计划带有成本战略的性质，是项目投标阶段商务标书的基础，而有竞争力的商务标书又是以其先进合理的技术标书为支撑的。

4．施工成本计划的编制方法

施工成本计划的编制以成本预测为基础，关键是确定目标成本。计划的制订，需结合施工组织设计的编制过程，通过不断地优化施工技术方案和合理配置生产要素，进行工、料、机消耗的分析，制定一系列节约成本的措施，确定施工成本计划。一般情况下，施工成本计划总额应控制在目标成本的范围内，并使其建立在切实可行的基础上。

施工总成本目标确定之后，还需通过编制详细的实施性施工成本计划把目标成本层层分解，落实到施工过程的每个环节，有效地进行成本控制。施工成本计划的编制方式有：按施工成本组成编制施工成本计划；按项目组成编制施工成本计划；按工程进度编制施工成本计划。

（1）**按施工成本组成编制施工成本计划**。施工成本可以按成本组成分解为人工费、材料费、施工机械使用费、措施费和间接费，如图2-2所示。

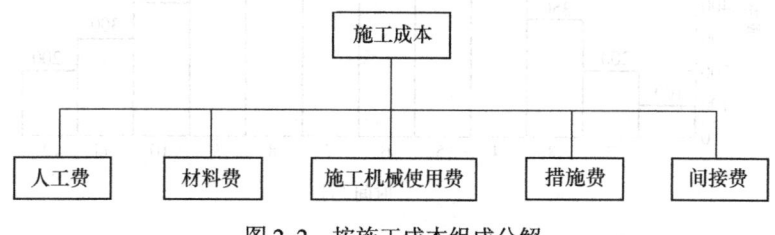

图2-2　按施工成本组成分解

（2）**按项目组成编制施工成本计划**。大中型工程项目通常是由若干单项工程构成的，而每个单项工程包括了多个单位工程，每个单位工程又是由若干个分部分项工程所构成。因此，首先要把项目总施工成本分解到单项工程和单位工程中，再进一步分解为分部工程和分项工程，如图2-3所示。

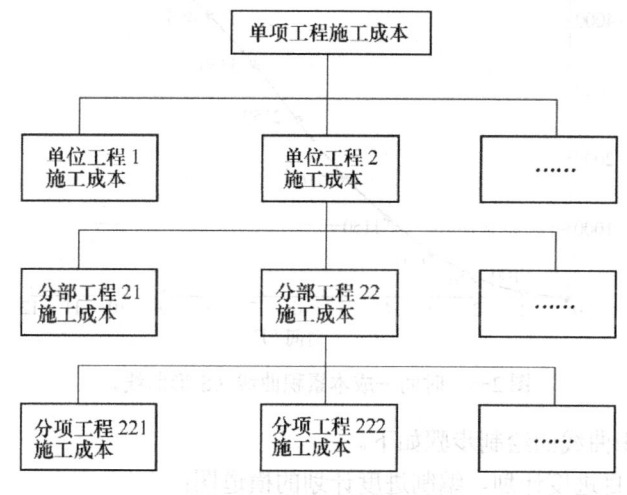

图2-3　按项目组成分解

（3）**按工程进度编制施工成本计划**。按工程进度编制施工成本计划，通常可利用控制项目进度的网络图进一步扩充而得。即在建立网络图时，一方面确定完成各项工作所需花费的时间，另一方面同时确定完成这一工作合适的施工成本支出计划。在实践中，将工程项目分解为既能方便地表示时间，又能方便地表示施工成本支出计划的工作是较难的。通常，如果项目分解程度对时间控制合适的话，则对施工成本支出计划可能分解过细，以至于不可能对每项工作确定其施工成本支出计划，反之亦然。因此，编制网络计划时，在充分考虑进度控制对项目划分的要求的同时，还要考虑确定施工成本支出计划对项目划分的要求，做到二者兼顾。

通过对施工成本目标按时间进行分解，在网络计划基础上，可获得项目进度计划的横道图，并在此基础上编制成本计划。其表示方式有两种：一种是在时标网络图上按月编制的成本计划,如图 2-4 所示,另一种是利用时间—成本曲线(S 形曲线)表示,如图 2-5 所示。

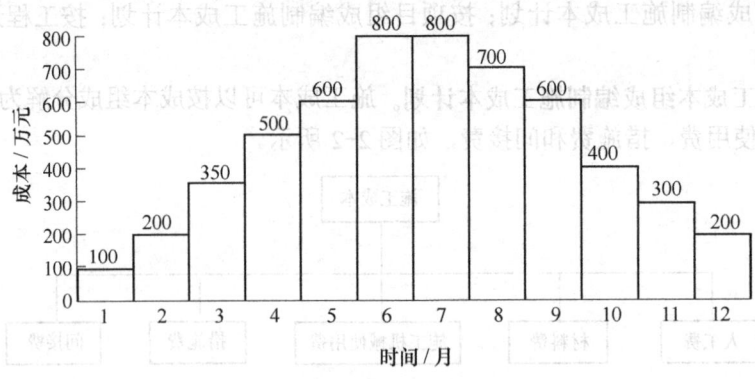

图 2-4 时标网络图上按月编制的成本计划

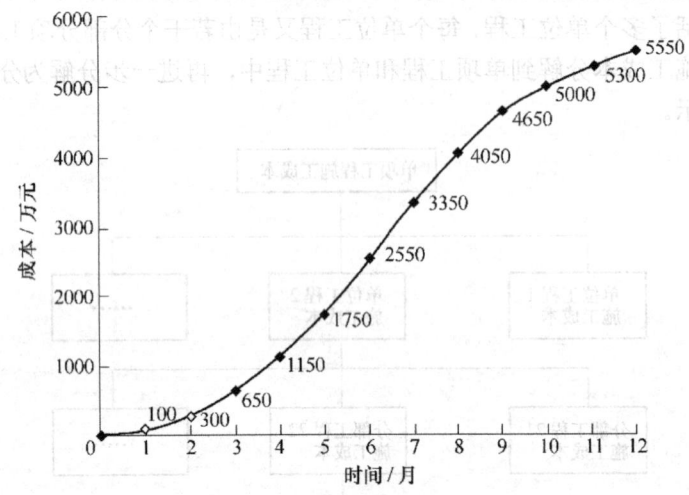

图 2-5 时间—成本累积曲线(S 形曲线)

时间—成本累积曲线的绘制步骤如下。

1)确定工程项目进度计划,编制进度计划的横道图;

2)根据每单位时间内完成的实物工程量或投入的人力、物力和财力,计算单位时间(月或旬)的成本,在时标网络图上按时间编制成本支出计划,如图 2-4 所示。

3)计算规定时间 t 计划累计支出的成本额,其计算方法为:各单位时间计划完成的成本额累加求和,可按下式计算

$$Q_t = \sum_{n=1}^{t} q_n \qquad (2\text{-}1)$$

式中 Q_t ——某时间 t 计划累计支出成本额;

q_n ——单位时间 n 的计划支出成本额;

t ——某规定计划时刻。

4)按各规定时间的 Q_t 值,绘制 S 形曲线,如图 2-5 所示。

以上三种编制施工成本计划的方式并不是相互独立的。在实践中，往往是将这三种方式结合起来使用，从而可以取得扬长避短的效果。

课题 4　施工成本控制与施工成本分析

2.4.1　施工成本控制的依据

1. 工程承包合同

施工成本控制要以工程承包合同为依据，围绕降低工程成本这个目标，从预算收入和实际成本两方面，努力挖掘增收节支的潜力，以求获得最大的经济效益。

2. 施工成本计划

施工成本计划是根据施工项目的具体情况制定的施工成本控制方案，既包括预定的具体成本控制目标，又包括实现控制目标的措施和规划，是施工成本控制的指导文件。

3. 进度报告

进度报告提供了每一时刻工程实际的完成量、工程施工成本实际支付情况等重要信息。施工成本控制工作正是通过实际情况与施工成本计划相比较，找出二者之间的差别，分析偏差产生的原因，从而采取措施改进以后的工作。

4. 工程变更

工程变更一般包括设计变更、进度计划变更、施工条件变更、技术规范与标准变更、施工次序变更、工程数量变更等。一旦出现变更，工程量、工期、成本都必将发生变化，从而使得施工成本控制工作变得更加复杂和困难。因此，施工成本管理人员应当通过对变更要求中各类数据的计算、分析，随时掌握变更情况，包括已发生工程量、将要发生工程量、工期是否拖延、支付情况等重要信息，判断变更及变更可能带来的索赔额度等。

除了上述几种施工成本控制工作的主要依据外，有关施工组织设计、分包合同等也都是施工成本控制的依据。

2.4.2　施工成本控制的步骤

在确定了施工成本计划之后，必须定期进行施工成本计划值与实际值的比较，当实际值偏离计划值时，分析产生偏差的原因，采取适当的纠偏措施，以确保施工成本控制目标的实现。其步骤如下。

1. 比较

按照某种确定的方式将施工成本计划值与实际值逐项进行比较，确定施工成本是否已超支。

2. 分析

在比较的基础上，对比较的结果进行分析，以确定偏差的严重性及偏差产生的原因。这一步是施工成本控制工作的核心，其主要目的在于找出产生偏差的原因，从而采取有针对性的措施，减少或避免相同问题的再次发生或减少由此造成的损失。

3. 预测

按照完成情况估计完成项目所需的总费用。

4. 纠偏

当工程项目的实际施工成本出现偏差时，应当根据工程的具体情况、偏差分析和预测的结果，采取适当的措施，以期达到使施工成本偏差尽可能小的目的。纠偏是施工成本控制中最具实质性的一步。只有通过纠偏，才能最终达到有效控制施工成本的目的。

对偏差原因进行分析的目的是为了有针对性地采取纠偏措施，从而实现成本的动态控制和主动控制。纠偏首先要确定纠偏的主要对象，偏差原因有些是无法避免和控制的，如客观原因，只能对其中少数原因做到防患于未然，力求减少该原因所产生的经济损失。在确定了纠偏的主要对象之后，就需要采取有针对性的纠偏措施。纠偏可采用组织措施、经济措施、技术措施和合同措施等。

5. 检查

对工程的进展进行跟踪和检查，及时了解工程进展状况以及纠偏措施的执行情况和效果，为今后的工作积累经验。

2.4.3 施工成本控制的方法

施工阶段是控制建设工程项目成本发生的主要阶段，它通过确定成本目标并按计划成本进行施工资源配置，对施工现场发生的各种成本费用进行有效控制，具体控制方法如下：

（1）**人工费的控制**。人工费的控制实行"量价分离"的方法，将作业用工及零星用工按定额工日的一定比例综合确定用工数量与单价，通过劳务合同进行控制。

（2）**材料费的控制**。材料费的控制同样遵循"量价分离"的原则，控制材料用量和材料价格。

1）材料用量的控制。在保证符合设计要求和质量标准的前提下，合理使用材料，通过定额管理、计量管理等手段有效控制材料物资的消耗，具体方法如下：

① 定额控制。对于有消耗定额的材料，以消耗定额为依据，实行限额发料制度。在规定限额内分期分批领用，超过限额领用的材料，必须先查明原因。经过一定审批手续方可领料。

② 指标控制。对于没有消耗定额的材料，则实行计划管理和按指标控制的办法。根据以往项目的实际耗用情况，结合具体施工项目的内容和要求，制定领用材料指标，据以控制发料。超过指标的材料，必须经过一定的审批手续方可领用。

③ 计量控制。准确做好材料物资的收发计量检查和投料计量检查。

④ 包干控制。在材料使用过程中，对部分小型及零星材料（如钢钉、钢丝等）根据工程量计算出所需材料量，将其折算成费用，由作业者包干控制。

2）材料价格的控制。材料价格主要由材料采购部门控制。主要是通过掌握市场信息，应用招标和询价等方式控制材料、设备的采购价格。

（3）**施工机械使用费的控制**。施工机械使用费主要由台班数量和台班单价两方面决定，为有效控制施工机械使用费支出，主要从以下几个方面进行控制：

1）合理安排施工生产，加强设备租赁计划管理，减少因安排不当引起的设备闲置；

2）加强机械设备的调度工作，尽量避免窝工，提高现场设备利用率；

3）加强现场设备的维修保养，避免因不正当使用造成机械设备的停置；

4）做好机上人员与辅助生产人员的协调与配合，提高施工机械台班产量。

（4）**施工分包费用的控制**。分包工程价格的高低，必然对施工项目经理部的施工项目成本产生一定的影响。因此，施工项目成本控制的重要工作之一是对分包价格的控制。施工项目经理部应在确定施工方案的初期确定需要分包的工程范围。决定分包范围的因素主要是施工项目的专业性和项目规模。对分包费用的控制，主要表现为做好分包工程的询价，订立平等互利的分包合同，建立稳定的分包关系网络，加强施工验收和分包结算等工作。

2.4.4 施工成本分析的方法

1. 成本分析的基本方法

施工成本分析的基本方法包括：比较法、因素分析法、差额计算法、比率法等。

（1）比较法。比较法又称"指标对比分析法"，是指通过技术经济指标的对比，检查目标的完成情况，分析产生差异的原因，进而挖掘内部潜力的方法。这种方法具有通俗易懂、简单易行、便于掌握的特点，因而得到了广泛的应用，但在应用时必须注意各技术经济指标的可比性。比较法的应用，通常有下列形式。

1）将实际指标与目标指标对比。以此检查目标完成情况，分析影响目标完成的积极因素和消极因素，以便及时采取措施，保证成本目标的实现。在进行实际指标与目标指标对比时，还应注意目标本身有无问题。如果目标本身出现问题，则应调整目标，重新正确评价实际工作的成绩。

2）本期实际指标与上期实际指标对比。通过本期实际指标与上期实际指标的对比，可以看出各项技术经济指标的变动情况，反映施工管理水平的提高程度。

3）与本行业平均水平、先进水平对比。通过这种对比，可以反映本项目的技术管理和经济管理与行业的平均水平和先进水平的差距，进而采取措施赶超先进水平。

（2）因素分析法。因素分析法又称连环置换法。这种方法可用来分析各种因素对成本的影响程度。在进行分析时，首先要假定众多因素中的一个因素发生了变化，而其他因素则不变，然后逐个替换，分别比较计算结果，以确定各个因素的变化对成本的影响程度。

（3）差额计算法。差额计算法是因素分析法的一种简化形式，它利用各个因素的目标值与实际值的差额来计算其对成本的影响程度。

（4）比率法。比率法是指用两个以上的指标的比例进行分析的方法。它的基本特点是：先把对比分析的数值变成相对数，再观察其相互之间的关系。常用的比率法包括相关比率法、构成比率法和动态比率法。

【例 2-3】 商品混凝土目标成本为 443040 元，实际成本为 473697 元，比目标成本增加了 30657 元，如表 2-1 所示。利用因素分析法分析各因素变动对成本的影响程度。

表 2-1 商品混凝土目标成本与实际成本对比表

因　素	单　位	目　标	实　际	差　额
产　量	m^3	600	630	+30
单　价	元/m^3	710	730	+20
损耗率	%	4	3	−1
成　本	元	443040	473697	+30657

解 分析顺序：先实物量，后价值量；先绝对值，后相对值。

首先分析产量变动对成本的影响，成本变动为

$$(630-600)\text{m}^3 \times 710\ 元/\text{m}^3 \times (1+4\%) = 22152\ 元$$

其次分析单价变动对成本的影响，成本变动为

$$630\text{m}^3 \times (730-710)\ 元/\text{m}^3 \times (1+4\%) = 13104\ 元$$

再次分析损耗率变动对成本的影响，成本变动为

$$630\text{m}^3 \times 730\ 元/\text{m}^3 \times (3\%-4\%) = -4599\ 元$$

分析结果：由于产量增加 30m^3，导致成本增加 22152 元；由于单价每立方米提高了 20 元，致使成本增加 13104 元；由于损耗率下降 1%，致使成本减少 4599 元。

2．综合成本的分析方法

所谓综合成本，是指涉及多种生产要素，并受多种因素影响的成本费用，如分部分项工程成本，月（季）度成本、年度成本等。

（1）分部分项工程成本分析。分部分项工程成本分析是施工项目成本分析的基础。分部分项工程成本分析的对象为已完成的分部分项工程。分析的方法是：进行**预算成本、目标成本和实际成本**的"三算"对比，分别计算实际偏差和目标偏差，分析偏差产生的原因，为今后的分部分项工程成本寻求节约途径。

分部分项工程成本分析的资料来源是：预算成本来自投标报价成本，目标成本来自施工预算，实际成本来自施工任务单的实际工程量、实耗人工和限额领料单的实耗材料。

（2）月（季）度成本分析。月（季）度成本分析，是施工项目定期的、经常性的中间成本分析。对于具有一次性特点的施工项目来说，有着重要意义。因为通过月（季）度成本分析，可以及时发现问题，以便按照成本目标指定的方向进行监督和控制，保证项目成本目标的实现。

月（季）度成本分析的依据是当月（季）的成本报表，主要从以下六个方面进行分析。

1）通过实际成本与预算成本的对比，分析当月（季）的成本降低水平，通过累计实际成本与累计预算成本的对比，分析累计的成本降低水平，预测实现项目成本目标的前景。

2）通过实际成本与目标成本的对比，分析目标成本的落实情况，以及目标管理中的问题和不足，进而采取措施，加强成本管理，保证成本目标的落实。

3）通过对各成本项目的成本分析，可以了解成本总量的构成比例和成本管理中的薄弱环节。例如：在成本分析中，发现人工费、机械费和间接费等项目大幅度超支，就应该对这些费用的收支配比关系认真研究，并采取对应的增收节支措施，防止今后再超支。如果是属于规定的"政策性"亏损，则应从控制支出着手，把超支额压缩到最低限度。

4）通过主要技术经济指标的实际与目标对比，分析产量、工期、质量、"三材"节约率、机械利用率等对成本的影响。

5）通过对技术组织措施执行效果的分析，寻求更加有效的节约途径。

6）分析其他有利条件和不利条件对成本的影响。

（3）年度成本分析。年度成本分析的依据是年度成本报表。年度成本分析的内容，除了月（季）度成本分析的六个方面以外，重点是针对下一年度的施工进展情况规划切实可行的成本管理措施，以保证施工项目成本目标的实现。

（4）竣工成本的综合分析。凡是有几个单位工程而且是单独进行成本核算（即成本核算对象）的施工项目，其竣工成本分析应以各单位工程竣工成本分析资料为基础，再加上施工

项目经理部的经营效益（如资金调度、对外分包等所产生的效益）进行综合分析。如果施工项目只有一个成本核算对象（单位工程），就以该成本核算对象的竣工成本资料作为成本分析的依据。

单位工程竣工成本分析应包括以下三方面内容：
1）竣工成本分析；
2）主要资源节超对比分析；
3）主要技术节约措施及经济效果分析。

通过以上分析，可以全面了解单位工程的成本构成和降低成本的来源，对今后同类工程的成本管理很有参考价值。

课题5 建筑安装工程费用的结算

2.5.1 工程变更价款的确定方法

由于建设工程项目周期长、涉及的关系复杂、受自然条件和客观因素的影响大，导致项目的实际施工情况与招标投标时的情况不一致，出现工程变更。工程变更包括工程量变更、工程项目的变更（如发包人提出增加或者删减原项目内容）、进度计划的变更、施工条件的变更等。若按照变更的起因划分，变更的种类则有很多，如：发包人的变更指令（包括发包人对工程有了新的要求、发包人修改项目计划、发包人削减预算、发包人对项目进度有了新的要求等）；由于设计错误，必须对设计图纸做修改；工程环境变化；由于产生了新的技术和工艺，有必要改变原设计、实施方案或实施计划；法律法规或者政府对建设工程项目有了新的要求，等等。由于工程变更所引起的工程量的变化、工程延误等，都有可能使项目成本超出原来的预算成本，需要重新调整合同价款。

（1）《建设工程施工合同（示范文本）》约定的工程变更价款的确定方法如下：
1）合同中已有适用于变更工程的价格，按合同已有的价格变更合同价款；
2）合同中只有类似于变更工程的价格，可以参照类似价格变更合同价款；
3）合同中没有适用或类似于变更工程的价格，由承包人或发包人提出适当的变更价格，经对方确认后执行。

（2）在合同履行过程中，若因非承包人原因引起工程量增减与招标文件中提供的工程量有偏差，该偏差对工程量清单项目的综合单价产生影响，则是否调整综合单价以及如何调整应在合同中约定。若合同未作约定，按以下原则办理：
1）当工程量清单项目工程量的变化幅度在10%以内时，其综合单价不做调整，执行原有的综合单价；
2）当工程量清单项目工程量的变化幅度在10%以上时，其综合单价均应予以调整。调整的方法是由承包人对增加的工程量或减少后剩余的工程量提出新的综合单价，经发包人确认后调整。

【例2-4】某独立土方工程，招标文件中估计工程量为100万 m^3，合同中约定：土方工程单价为5元/m^3，当实际工程量超过估计工程量20%时，调整单价，单价调为4元/m^3。工程结束时实际完成土方工程量为130万 m^3，则土方工程款为多少万元？

解 合同约定范围内（20%以内）的工程款为

$$100 万 m^3 \times (1+20\%) \times 5 元/m^3 = 120 万 m^3 \times 5 元/m^3 = 600 万元$$

超过20%之后部分工程量的工程款为

$$(130-120) 万 m^3 \times 4 元/m^3 = 40 万元$$

则　　　　　土方工程款合计=600 万元+40 万元=640 万元

2.5.2 索赔费用的组成

1. 索赔费用的组成

索赔费用的主要组成部分与工程款的计价内容相似。建筑安装工程合同价包括直接费、间接费、利润和税金。承包商可索赔的具体费用如图 2-6 所示。

（1）**人工费**。人工费包括施工人员的基本工资、工资性质的津贴、加班费、奖金以及法定的安全福利等费用。索赔费用中的人工费是指完成合同之外的额外工作所花费的人工费用；由于非承包商责任的工效降低所增加的人工费用；超过法定工作时间加班劳动的人工费用；法定人工费增长以及非承包商责任工程延期导致的人员窝工费和工资上涨费等。

（2）**材料费**。材料费的索赔包括：由于索赔事项，材料实际用量超过计划用量而增加的材料费；由于客观原因，材料价格大幅度上涨；由于非承包商责任工程延期导致的材料价格上涨和超期储存费用。

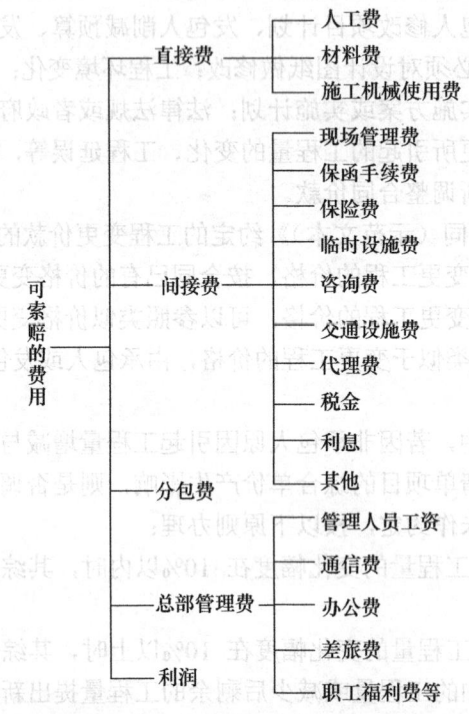

图 2-6　可索赔费用的组成

（3）**施工机械使用费**。施工机械使用费的索赔包括：由于完成额外工作增加的机械使用费；非承包商责任工效降低增加的机械使用费；由于业主或监理工程师原因导致机械停工的窝工费。窝工费的计算,如系租赁设备,一般按实际租金和调进调出费的分摊计算;如系承包商自有设备,一般按台班折旧费计算,而不能按台班费计算,因台班费中包括了设备使用费。

(4) **分包费用**。分包费用索赔指的是分包商的索赔费,一般也包括人工费、材料费、施工机械使用费的索赔。分包商的索赔应如数列入总承包商的索赔款总额以内。

(5) **现场管理费**。索赔款中的现场管理费是指承包商完成额外工程、索赔事项工作以及工期延长期间的现场管理费,包括管理人员工资、办公费、通信费、交通费等。

(6) **利息**。在索赔款额的计算中,经常包括利息。利息的索赔通常发生于下列情况:拖期付款的利息;错误扣款的利息。

(7) **总部(企业)管理费**。索赔款中的总部管理费主要是指工程延期期间所增加的管理费。包括总部职工工资、办公大楼、办公用品、财务管理、通信设施以及总部领导人员赴工地检查指导工作等开支。

(8) **利润**。一般来说,由于工程范围的变更、文件有缺陷或技术性错误、业主未能提供现场等引起的索赔,承包商可以列入利润。

2. 索赔费用的计算方法

索赔费用的计算方法有实际费用法、总费用法和修正的总费用法。

(1) **实际费用法**。实际费用法是计算工程索赔时最常用的一种方法。这种方法的计算原则是以承包商为某项索赔工作所支付的实际开支为根据,向业主要求费用补偿。

(2) **总费用法**。总费用法是指当发生多次索赔事件以后,重新计算该工程的实际总费用,实际总费用减去投标报价时的估算总费用,即为索赔金额。

(3) **修正的总费用法**。修正的总费用法是对总费用法的改进,即在总费用法计算的原则上,**去掉一些不合理的因素,使其更合理**。修正的内容如下:

1) 将计算索赔款的时段局限于受到外界影响的时间,而不是整个施工期;

2) 只计算受影响时段内的某项工作所受影响的损失,而不是计算该时段内所有施工工作所受的损失;

3) 与该项工作无关的费用不列入总费用中;

4) 对投标报价费用重新进行核算,按受影响时段内该项工作的实际单价进行核算,乘以实际完成的该项工作的工程量,得出调整后的报价费用。

2.5.3 建筑安装工程费用的结算方法

1. 建筑安装工程费用的主要结算方式

建筑安装工程费用的结算可以根据不同情况采取多种方式。

(1) **按月结算**。即先预付部分工程款,在施工过程中按月结算工程进度款,竣工后进行竣工结算。

(2) **竣工后一次结算**。建设项目或单项工程全部建筑安装工程建设期在 12 个月以内,或者工程承包合同价值在 100 万元以下的,可以实行工程价款每月月中预支,竣工后一次结算。

(3) **分段结算**。即当年开工,当年不能竣工的单项工程或单位工程按照工程形象进度,划分不同阶段进行结算。分段结算可以按月预支工程款。

(4) 结算双方约定的其他结算方式。实行竣工后一次结算和分段结算的工程，当年结算的工程款应与分年度的工作量一致，年终不另清算。

2. 建筑安装工程费用的按月结算方式

(1) 工程预付款。工程预付款是建设工程施工合同订立后由发包人按照合同约定，在正式开工前预先支付给承包人的工程款。它是施工准备和所需要材料、结构件等流动资金的主要来源，国内习惯上又称为预付备料款。实行工程预付款的，双方应当在专用条款内约定发包人向承包人预付工程款的时间和数额，开工后按约定的时间和比例逐次扣回。预付时间应不迟于约定的开工日期前7天。发包人不按约定预付，承包人在约定预付时间7天后向发包人发出要求预付的通知，发包人收到通知后仍不能按要求预付，承包人可在发出通知后7天停止施工，发包人应从约定应付之日起向承包人支付应付款的贷款利息，并承担违约责任。

对于工程预付款的额度，各地区、各部门的规定不完全相同，主要是保证施工所需材料和构件的正常储备。一般是根据施工工期、建筑安装工作量、主要材料和构件费用占建筑安装工作量的比例以及材料储备周期等因素经测算来确定。发包人根据工程的特点、工期长短、市场行情、供求规律等因素，招标时在合同条件中约定工程预付款的百分比。

(2) 工程预付款的扣回。发包人支付给承包人的工程预付款的性质是预支。随着工程进度的推进，拨付的工程进度款数额不断增加，工程所需主要材料、构件的用量逐渐减少，原已支付的预付款应以抵扣的方式陆续扣回，扣款的方法有以下几种。

1) 发包人和承包人通过洽商用合同的形式予以确定，可采用等比率或等额扣款的方式。

2) 从未施工工程尚需的主要材料及构件的价值相当于工程预付款数额时扣起，从每次中间结算工程价款中，按材料及构件比重扣抵工程价款，至竣工之前全部扣清。因此确定起扣点是工程预付款起扣的关键。确定工程预付款起扣点的依据是：未完施工工程所需主要材料和构件的费用，等于工程预付款的数额。

工程预付款起扣点可按下式计算

$$T=P-M/N \tag{2-2}$$

式中 T——起扣点，即工程预付款开始扣回的累计完成工程金额；
　　　P——承包工程合同总额；
　　　M——工程预付款数额；
　　　N——主要材料，构件所占比重。

(3) 工程进度款。

1) 工程进度款的计算。工程进度款的计算，主要涉及两个方面：一是工程量的计量；二是单价的计算方法。单价的计算方法，主要根据由发包人和承包人事先约定的工程价格的计价方法决定，通常分为两种。

① 采用可调工料单价法计算工程进度款；

② 采用全费用综合单价法计算工程进度款。

2) 工程进度款的支付。在确认计量结果后14天内，发包人应向承包人支付工程款（进度款）。发包人超过约定支付时间不支付工程款（进度款）的，承包人可向发包人发出要求付款的通知，发包人接到承包人通知后仍不能按要求付款，可与承包人协商签订延期付款协议，经承包人同意后可延期支付。协议应明确延期支付的时间和从计量结果确认后第 15 天起计算应付款的货款利息。发包人不按合同约定支付工程款（进度款），双方又未达成延期付款协议，导致施工无法进行的，承包人可停止施工，由发包人承担违约责任。

（4）竣工结算。工程竣工验收报告经发包人认可后 28 天内，承包人向发包人递交竣工结算报告及完整的结算资料，双方按照协议书约定的合同价款及专用条款约定的合同价款调整内容，进行工程竣工结算。

发包人收到承包人递交的竣工结算报告和结算资料后 28 天内进行核实，给予确认或者提出修改意见。发包人确认竣工结算报告后通知经办银行向承包人支付竣工结算价款。承包人收到竣工结算价款后 14 天内将竣工工程交付发包人。

发包人收到竣工结算报告及结算资料后 28 天内无正当理由不支付工程竣工结算价款，从第 29 天起按承包人同期向银行贷款利率支付拖欠工程价款的利息，并承担违约责任。

工程竣工验收报告经发包人认可后 28 天内，承包人未能向发包人递交竣工结算报告及完整的结算资料，造成工程竣工结算不能正常进行或工程竣工结算价款不能及时支付，发包人要求交付工程的，承包人应当交付；发包人不要求交付工程的，承包人承担保管责任。

3. 建筑安装工程费用的动态结算

（1）**按实际价格结算法**。由于建筑材料市场采购的范围越来越大，有些地区规定对钢材、木材、水泥三大材的价格采取按实际价格结算的办法。工程承包人可凭发票按实结算。

（2）**按主材计算价差**。发包人在招标文件中列出需要调整价差的主要材料表及其基期价格（一般采用当时当地工程造价管理机构公布的信息价或结算价），工程竣工结算时按竣工当时当地工程造价管理机构公布的材料信息价或结算价，与招标文件中列出的基期价比较计算材料差价。

（3）**竣工调价系数法**。按工程价格管理机构公布的竣工调价系数及调价计算方法计算差价。

（4）**调值公式法**（又称动态结算公式法）。价格调整的计算工作比较复杂，程序如下。

1）确定计算物价指数的品种。一般来说，品种不宜太多，只确立那些对工程款影响较大的因素，如水泥、钢材、木材和人工费等，这样便于计算。

2）要明确的两个问题。

① 在合同价格条款中，应写明经双方商定的调整因素，在签订合同时要写明考核几种物价波动到何种程度才进行调整，一般都在±10%左右；二是考核的地点和时点，地点一般在工程所在地，或指定的某地市场；时点指的是某月某日的市场价格。

② 确定各成本要素的系数和固定系数，各成本要素的系数要根据各成本要素对总造价的影响程度而定。各成本要素系数之和加上固定系数应该等于1。

3）建筑安装工程费用的价格调值公式。建筑安装工程费用的价格调值公式包括固定部分、材料部分和人工部分等。调值公式为

$$P = P_0(a_0 + a_1\frac{A}{A_0} + a_2\frac{B}{B_0} + a_3\frac{C}{C_0} + ... + a_i\frac{I}{I_0}) \tag{2-3}$$

式中 P——调值后合同价款或工程实际结算款；

P_0——调值前工程进度款；

a_0——固定要素，代表合同支付中不能调整的部分；

a_1、a_2、$a_3 \cdots a_i$——代表有关成本要素（如人工费用、钢材费用、水泥费用、运输费等）在合同总价中所占的比重 $a_0+a_1+a_2+a_3+\cdots+a_i=1$；

A_0、B_0、$C_0 \cdots I_0$——基准日期与 a_1、a_2、$a_3 \cdots a_i$ 对应的各项费用的基期价格指数或价格；

A、B、$C \cdots I$——报告期与 a_1、a_2、$a_3 \cdots a_i$ 对应的各成本要素的现行价格指数或价格。

【例2-5】某工程合同价为1000万元，可变费用占合同价比重为80%，其中人工占25%，材料甲占20%，材料乙占30%，材料丙占15%，材料丁占10%，各成本要素报告期和基期价格指数见表2-2。

表2-2 各成本要素报告期和基期价格指数

项 目	人 工	材料甲	材料乙	材料丙	材料丁
报告期（结算时）价格指数（%）	115	95	108	110	103
基期（合同时）价格指数	100	98	105	102	98

试计算该工程实际结算款。

解 该工程实际结算款

1000 万元×（20%+25%×80%×115/100+20%×80%×95/98+30%×80%×108/105+15%×80%×110/102+10%×80%×103/98）=1045.45 万元

【例2-6】某实施监理的工程项目，采用以直接费为计算基础的全费用综合单价计价，混凝土分项工程的全费用综合单价为446元/m^3，直接费为350元/m^3，间接费费率为12%，利润率为10%，营业税税率为3%，城市维护建设税税率为7%，教育费附加费费率为3%。施工合同约定：工程无预付款；进度款按月结算；工程量以监理工程师计量的结果为准；工程保留金按工程进度款的3%逐月扣留；监理工程师每月签发进度款的最低限额为25万元。

施工过程中，按建设单位要求设计单位提出了一项工程变更，施工单位认为该变更使混凝土分项工程量大幅减少，要求对合同中的单价做相应调整。建设单位则认为应按原合同单价执行，双方意见分歧，要求监理单位调解。经调解，各方达成如下共识：若最终减少的该混凝土分项工程量超过原先计划工程量的15%，则该混凝土分项的全部工程量执行新的全费用综合单价，新的全费用综合单价的间接费和利润调整系数分别为1.1和1.2，其余数据不变。该混凝土分项工程的计划工程量和经专业监理工程师计量的变更后实际工程量如表2-3所示。

表2-3 混凝土分项工程计划工程量和实际工程量表

月 份	一	二	三	四
计划工程量/m^3	500	1200	1300	1300
实际工程量/m^3	500	1200	700	800

问题（1）如果建设单位和施工单位未能就工程变更的费用等达成协议，监理单位应如何处理？该项工程款最终结算时应以什么为依据？

（2）计算新的全费用综合单价。
（3）每月的工程应付款是多少？总监理工程师签发的实际付款金额应是多少？

解（1）
1）监理单位应提出一个暂定的价格，作为临时支付工程进度款的依据。
2）经监理单位协调：
① 如建设单位和施工单位达成一致，以达成的协议为依据。
② 如建设单位和施工单位不能达成一致，以法院判决或仲裁机构裁决为依据。
（2）计算新的全费用综合单价，见表2-4。

表 2-4 新的全费用综合单价

序 号	费用项目	全费用综合单价	
		计 算 方 法	结 果
①	直接费	350 元/m³	350 元/m³
②	间接费	①×12%×1.1	46.2 元/m³
③	利润	（①+②）×10%×1.2	47.54 元/m³
④	综合税率	{1/〔1-3%×（1+7%+3%）〕-1}×100%	3.41%
⑤	含税造价	（①+②+③）×（1+④）	459 元/m³

注：综合税率的计算方法也可以表示为{3%×（1+7%+3%）/〔1-3%×（1+7%+3%）〕}×100%。

（3）1月份：
1）完成工程款：500m³×446 元/m³=223000 元
2）本月应付款：223000 元×（1-3%）=216310 元
3）216310 元<250000 元，不签发付款凭证。

2月份：
1）完成工程款：1200m³×446 元/m³=535200 元
2）本月应付款：535200 元×（1-3%）=519144 元
3）519144 元+216310 元=735454 元>250000 元
应签发的实际付款金额：735454 元。

3月份：
1）完成工程款：700m³×446 元/m³=312200 元
2）本月应付款：312200 元×（1-3%）=302834 元
3）302834 元>250000 元
应签发的实际付款金额：302834 元。

4月份：
1）最终累计完成工程量：500m³+1200m³+700m³+800m³=3200m³
原计划工程量：500m³+1200m³+1300m³+1300m³=4300m³
较计划减少：（4300-3200）m³/4300m³×100%=25.6%>15%
2）本月应付款：3200m³×459 元/m³×（1-3%）-735454 元-302834 元=386448 元
3）应签发的实际付款金额：386448 元。

课题 6 施工项目成本管理核算与考核

2.6.1 施工项目成本管理核算

1. 施工项目成本管理核算对象

一个单位工程是一个完整的成本核算对象。如果一个单位工程由几个施工单位共同施工，各施工单位都以同一单位工程为成本核算对象，各自核算自行完成的部分。规模大、工期长的单位工程，可以将工程划分为若干分部，以分部工程作为成本核算对象。同一个建设项目，由同一施工单位施工，并在同一地点，属同一结构类型，开竣工时间相近的若干单位工程，可以合并作为一个成本核算对象。土石方工程、桩基工程，可以根据实际情况和管理需要，以一个单位工程作为成本核算对象，或将同一施工地点的若干工程量较少的单位工程合并作为一个成本核算对象。

2. 施工项目成本核算要求

1）执行国家有关成本开支范围和费用开支标准，控制费用开支，节约使用人力、物力和财力。

2）正确及时记录施工项目的各项开支和实际成本。

3）划清成本、费用支出和非成本、费用的界限。

4）正确划分各种成本、费用的界限。

5）加强成本核算的基础工作，包括：建立各种财产、物资的收发、领退、转移、报废、清点、盘点、索赔制度，健全原始记录和工程量统计制度，建立各种内部消耗定额及内部指导价格，完善计量、检测、检验设施与制度等。

6）有账有据。资料要真实、可靠、准确、完整、及时、审核无误、手续齐全、建立台账。

7）要求具备成本核算内部条件（两层分开、内部市场等）和外部条件（定价方式、承包方式、价格状况、经济法规等）。

2.6.2 施工项目成本管理考核

成本管理考核是施工项目成本管理的最后环节。搞好成本考核有利于贯彻落实责、权、利相结合的原则，促进成本管理工作水平的提高，更好地完成成本目标。

施工目标的成本考核分为两个层次：一是对项目经理成本管理的考核；二是对项目经理所属职能部门和班组的成本管理考核。

对施工项目经理成本考核的内容有：项目成本目标和阶段成本目标的完成情况；建立以项目经理为核心的成本管理责任制的落实情况；成本计划的编制和落实情况；对各部门、各作业队和班组责任成本的检查和考核情况；在成本管理中贯彻责、权、利相结合原则的执行情况。

对各职能部门成本管理考核的内容包括：本部门、本岗位责任成本的完成情况；本部门、本岗位成本管理责任的执行情况。

对作业队（承包队）成本管理考核的内容包括：对劳务合同规定的承包范围和承包内容的执行情况；劳务合同以外的补充收费情况；对班组施工任务单的管理情况；对班组完成施工任务后的考核情况。

对班组的成本管理考核是考核其责任成本（分部分项工程成本）的完成情况。

单 元 小 结

本单元主要讲述施工项目成本控制。其中，施工项目成本控制主要介绍了建筑安装工程费用的组成，建设工程定额，施工成本管理的任务及措施，施工成本计划的编制，施工成本控制，施工成本分析，工程变更价款的确定，索赔费用的组成以及建筑安装工程费用的结算等。

复习思考题

1. 建筑安装工程费由哪几部分组成？
2. 建设工程定额的分类方法有哪几种？
3. 施工成本管理的任务主要包括哪些内容？
4. 施工成本管理的措施有哪些？
5. 施工成本计划编制的原则是什么？
6. 施工成本计划的类型有哪些？
7. 施工预算与施工图预算的区别是什么？
8. 施工成本计划的编制方法有哪三种？
9. 施工成本控制的依据和步骤是什么？
10. 施工成本分析的基本方法有哪些？
11. 索赔费用的计算方法有哪几种？索赔费用的计算内容有哪些？
12. 建筑安装工程费用的结算可以根据不同情况采取哪几种方式？
13. 施工项目成本管理核算的基本要求有哪些？

案例分析题

1. 某安装工程以人工费为取费基础计算建筑安装工程造价。已知该工程直接工程费为 50 万元，其中人工费为 15 万元；措施费为 4 万元，其中人工费为 1 万元；间接费率为 50%，利润率为 30%，综合计税系数为 3.41%。则该工程的含税造价为多少万元？

2. 某工程商品混凝土的目标产量为 500m³，单价 720 元/m³，损耗率为 4%。实际产量为 550m³，单价 730 元/m³，损耗率为 3%。采用因素分析法进行分析，由于单价提高使费用增加了多少元？

3. 某混凝土工程，工程量清单中的混凝土工程量为 2000m³，合同约定：混凝土工程综合单价为 420 元/m³；当实际工程量增加或减少超过 10%时可调整单价，增加超过 10%时综合单价的调整系数为 0.9，减少超过 10%时综合单价的调整系数为 1.15。工程施工过程中由于出现设计变更，承包商实际完成的混凝土工程量为 2500m³。则该混凝土工程价款为多少万元？

4. 某工程合同总价 1000 万元，合同基准日期为 2010 年 3 月，固定系数为 0.2。2010 年 8 月完成的工程款占合同总价的 10%。调值部分中仅钢筋价格变化，钢材占工程价款的 50%。2010 年 3 月钢材的价格指数为 100，8 月的价格指数为 115，则 2010 年 8 月经调值后的工程款为多少万元？

活动设计 1　成本计划的编制

已知某施工项目的数据资料如表 2-5 所示，绘制该项目的时间—成本累计曲线。

表 2-5 施工项目数据资料

编码	项目名称	最早开始时间	工期/个月	成本强度/(万元/月)
11	场地平整	1	1	20
12	基础施工	2	3	15
13	主体工程施工	4	5	30
14	砌筑工程施工	8	3	20
15	屋面工程施工	10	2	30
16	楼地面施工	11	2	20
17	室内设施安装	11	1	30
18	室内装修	12	1	20
19	室外装修	12	1	10
20	其他工程		1	10

解 （1）确定施工项目进度计划，编制进度计划的横道图，如图 2-7 所示。

编码	项目名称	时间/月	成本强度/(万元/月)	工程进度（月）											
				1	2	3	4	5	6	7	8	9	10	11	12
11	场地平整	1	20	—											
12	基础施工	3	15		—	—	—								
13	主体工程施工	5	30				—	—	—	—	—				
14	砌筑工程施工	3	20								—	—	—		
15	屋面工程施工	2	30										—	—	
16	楼地面施工	2	20											—	—
17	室内设施安装	1	30											—	
18	室内装修	1	20												—
19	室外装修	1	10												—
20	其他工程	1	10												—

图 2-7 进度计划横道图

（2）在横道图上按时间编制成本计划，如图 2-8 所示。

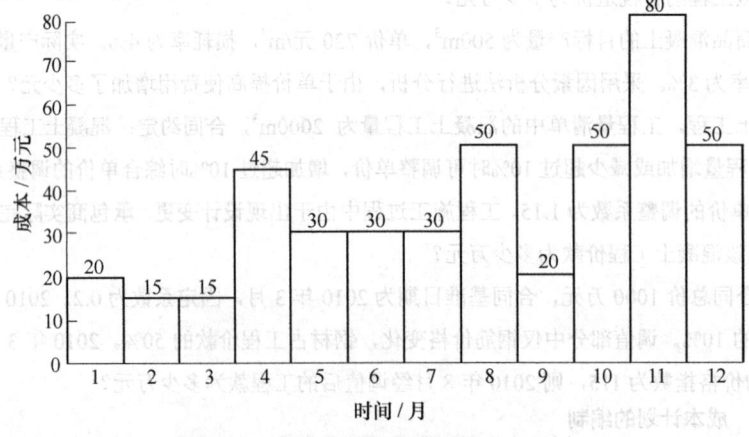

图 2-8 横道图上按月编制的成本计划

(3) 计算规定时间 t 计划累计支出的成本额。

根据公式

$$Q_t = \sum_{n=1}^{t} q_n$$

可得如下结果

$Q_1=20$，$Q_2=35$，$Q_3=50$ … $Q_{10}=305$，$Q_{11}=385$，$Q_{12}=435$。

(4) 绘制 S 形曲线，如图 2-9 所示。

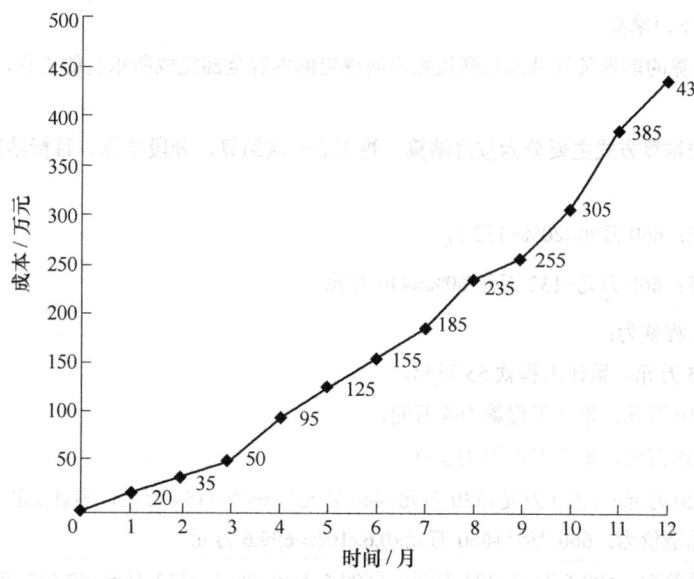

图 2-9 时间—成本累积曲线（S 形曲线）

活动设计 2 费用结算操作

某施工单位承包某工程项目，甲乙双方签订的关于工程价款的合同内容有：

(1) 建筑安装工程造价 660 万元，建筑材料及设备费占施工产值的比重为 60%。

(2) 工程预付款为建筑安装工程造价的 20%。工程实施后，工程预付款从未施工工程尚需的主要材料及构件的价值相当于工程预付款数额时起扣，从每次结算工程价款中按材料和设备占施工产值的比重扣抵工程预付款，竣工前全部扣清。

(3) 工程进度款逐月计算。

(4) 工程保修金为建筑安装工程造价的 3%，竣工结算月一次扣留。

(5) 材料和设备价差调整按规定进行（按有关规定上半年材料和设备价差上调 10%，在 6 月份一次调增）。

工程各月实际完成产值见表 2-6。

表 2-6 各月实际完成产值 （单位：万元）

月 份	二	三	四	五	六
完成产值	55	110	165	220	110

问题 (1) 通常情况下，工程竣工结算的前提是什么？

(2) 工程价款结算的方式有哪几种?
(3) 该工程的工程预付款、起扣点分别为多少?
(4) 该工程 2~5 月份每月拨付工程款为多少?累计工程款为多少?
(5) 6 月份办理工程竣工结算,该工程结算造价为多少?甲方应付工程结算款为多少?
(6) 该工程在保修期间发生屋面漏水,甲方多次催促乙方修理,乙方一再拖延,最后甲方另请施工单位修理,修理费 1.5 万元,该项费用如何处理?

解 本题主要考核工程结算方式、按月结算工程款的计算方法、工程预付款和起扣点的计算等;要求针对本案例对工程结算方式、工程预付款和起扣点的计算、按月结算工程款的计算方法和工程竣工结算等内容进行全面、系统地学习掌握。

(1) 工程竣工结算的前提条件是承包商按照合同规定的内容全部完成所承包的工程,并符合合同要求,经验收质量合格。

(2) 工程价款的结算方式主要分为按月结算、竣工后一次结算、分段结算、目标结算和双方约定的其他结算方式。

(3) 工程预付款:660 万元×20%=132 万元

起扣点:660 万元-132 万元/60%=440 万元

(4) 各月拨付工程款为:

2 月:工程款 55 万元,累计工程款 55 万元。

3 月:工程款 110 万元,累计工程款 165 万元。

4 月:工程款 165 万元,累计工程款 330 万元。

5 月:工程款 220 万元-(220 万元+330 万元-440 万元)×60%=154 万元,累计工程款 484 万元。

(5) 工程结算总造价为:660 万元+660 万元×0.6×10%=699.6 万元

甲方应付工程结算款:699.6 万元-484 万元-(699.6 万元×3%)-132 万元=62.612 万元

(6) 1.5 万元维修费应从乙方(承包方)的保修金中扣除。

活动设计 3 工程价款结算操作

某工程业主采用固定单价合同方式招标,与某市建筑公司签订了建筑安装工程施工合同。其中有甲、乙两个主要分项工程,清单量分别为甲分项工程 2400 m³,乙分项工程 3500 m³。承包商报价中甲分项工程的综合单价为 320 元/m³,乙分项工程的综合单价为 280 元/m³,现场管理费率为 8%,企业管理费率为 6%,利润率为 5%。施工合同中约定:若累计实际工程量比计划工程量增加超过 10%,超出部分不计企业管理费和利润;若累计实际工程量比计划工程量减少超过 10%,其综合单价调整系数为 1.1;其余分项工程按中标价结算。该承包商各月完成的且经监理工程师确认的各分项工程工程量见表 2-7。

表 2-7 各分项工程工程量

月 份	1	2	3	4
甲分项工程/m³	700	800	700	600
乙分项工程/m³	850	750	700	700

问题 (1) 该施工单位报价中的综合费率为多少?

(2) 甲分项工程结算工程款为多少?

(3) 乙分项工程结算工程款为多少?

解 按照《建设工程工程量清单计价规范》的规定：

（1）假设直接工程费基数为1。

现场管理费：直接工程费×现场管理费率=1×8%=8%

企业管理费率：（直接工程费+现场管理费）×企业管理费率=（1+8%）×6%=6.48%

利润率：（直接工程费+现场管理费+企业管理费）×利润率=（1+8%+6.48%）×5%=5.72%

综合费率：现场管理费+企业管理费率+利润率=8%+6.48%+5.72%=20.2%

（2）甲分项工程实际完成工程量合计：（700+800+700+600）m³=2800m³

$$（2800-2400）m³/2400m³=16.67\%>10\%$$

甲分项工程实际完成工程量超过计划完成量的 10%，根据施工合同约定，应调整甲分项工程超出部分工程综合单价。

甲分项工程需调整单价的工程量为：2800m³-2400m³×（1+10%）=160m³

甲分项工程超出部分工程综合单价调整系数为：1/（1+6%）×（1+5%）=0.898

甲分项工程结算工程款为：2400m³×（1+10%）×320元/m³+160m³×320元/m³×0.898= 890777.6元

（3）乙分项工程实际完成工程量合计：（850+750+700+700）m³=3000m³

$$（3000-3500）m³/3500m³=-14.3\%<-10\%$$

乙分项工程实际完成工程量小于计划完成量的 90%，根据施工合同约定，应调整乙分项工程的综合单价。

乙分项工程结算工程款为：3000m³×280元/m³×1.1=924000元

单元 3　施工项目进度控制

【单元概述】

进度计划实施过程中，通过对进度计划实际执行情况的定期检查，发现进度有无偏差，如有偏差，应及时分析偏差产生的原因，采取相应措施纠偏，如有必要应调整进度目标。只有这样，才能实现施工项目合理、有序、可控地实施。

【学习目标】

通过本单元的学习，学生应熟悉施工进度控制的目的和任务；熟悉进度计划的表达形式及特点；熟悉进度计划的检查方法和检查内容；掌握对进度计划检查结果的分析判断；能根据进度计划检查的分析判断进行合理的调整，以实现控制目标；熟悉进度计划的控制措施。

课题 1　施工进度计划的表达形式

施工进度计划的表达形式有多种，目前施工项目管理中最常用的表达形式有横道图和网络图两种。

3.1.1　横道图

横道图是一种最简单、应用最广泛的传统进度计划表达形式，尽管各种新的进度计划技术不断出现，横道图在施工项目管理中的应用仍非常普遍。

通常，横道图的标题栏为工作名称及简要说明，时间进展情况用水平线标注在与时间坐标对应的表格上，如图 3-1 所示。

	工作名称	持续时间	开始时间	完成时间	紧前工作
1	基础完	0d	1993-12-28	1993-12-28	
2	预制柱	35d	1993-12-28	1994-2-14	1
3	预制屋架	20d	1993-12-28	1994-1-24	1
4	预制楼梯	15d	1993-12-28	1994-1-17	1
5	吊装	30d	1994-2-15	1994-3-28	2, 3, 4
6	砌砖墙	20d	1994-3-29	1994-4-25	5
7	屋面找平	5d	1994-3-29	1994-4-4	5
8	钢窗安装	4d	1994-4-19	1994-4-22	6SS+15d
9	二毡三油一砂	5d	1994-4-5	1994-4-11	7
10	外粉刷	20d	1994-4-25	1994-5-20	8
11	内粉刷	30d	1994-4-25	1994-6-3	8, 9
12	油漆、玻璃	5d	1994-6-6	1994-6-10	10, 11
13	竣工	0d	1994-6-10	1994-6-10	12

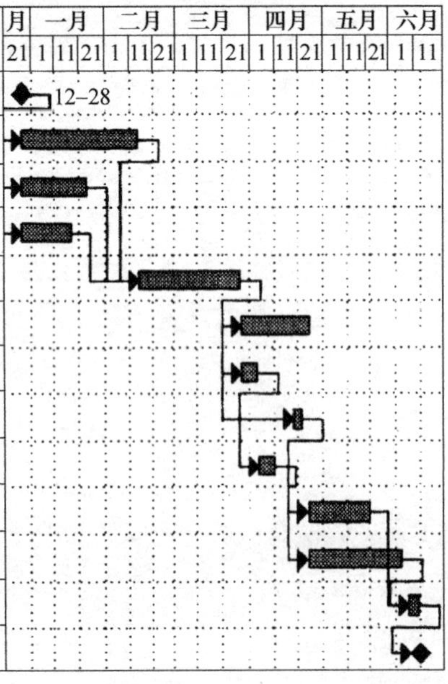

图 3-1　横道图

横道图表现形式比较直观,要表达的进度信息简单明了,容易被施工现场广大管理人员和操作工人所接受。但是,横道图进度计划也存在一定的缺陷,如:

1)工序(工作)之间的逻辑关系可以设法表达,但不易表达清楚;
2)不能确定关键工作、关键线路及各项工作的时差;
3)进度计划发生变化时,横道图的修改比较麻烦;
4)难以适应大型施工项目的进度控制。

3.1.2 网络图

JGJ/T121—1999《工程网络计划技术规程》推荐常用的工程网络计划包括:双代号网络计划、单代号网络计划、双代号时标网络计划、单代号搭接网络计划。目前施工项目管理中较多采用双代号网络计划,如图 3-2 所示。

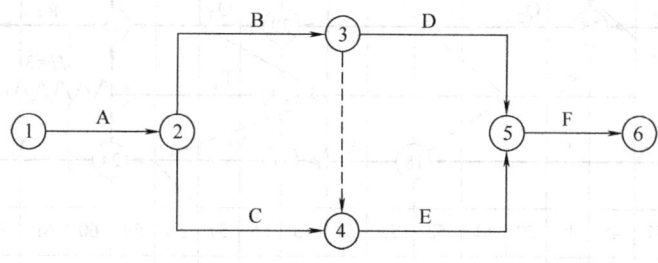

图 3-2 双代号网络图

网络图具有下列优点:

1)能明确反映各工作之间的逻辑关系,使进度计划的实施合理、有序;
2)能通过各种时间参数的计算,确定关键工作、关键线路,从而明确控制重点;
3)通过利用某些工作的时差,优化人力、物力资源的配置,达到均衡施工、降低成本的目的。
4)在大型施工项目中,可以利用计算机进行计算、调整、优化,提高项目管理的科学化水平。

课题 2 施工进度计划的检查

在施工进度计划的执行过程中,必须建立相应的检查制度,定期对计划的实际执行情况进行跟踪检查,收集反映实际进度的有关数据。检查周期的长短应根据计划工期的长短和管理的需要确定,可以为一个月、一旬或一周等。

3.2.1 进度计划的检查方法

当采用时标网络计划时,应绘制实际进度前锋线记录计划实际执行情况。前锋线应自上而下地从计划检查的时间刻度出发,用直线段依次连接各项工作的实际进度前锋点,最后到达计划检查的时间刻度为止,形成折线。前锋线可用彩色线标画;不同检查时刻绘制的相邻前锋线可采用不同颜色标画。

如图 3-3 所示是一份时标网络计划用前锋线进行检查的记录。分别记录了第 47 天、第

52 天、第 57 天及第 62 天的检查结果。

当采用其他进度计划形式时，可以在图表上直接用文字、数字、适当符号，或列表记录计划实际执行情况。

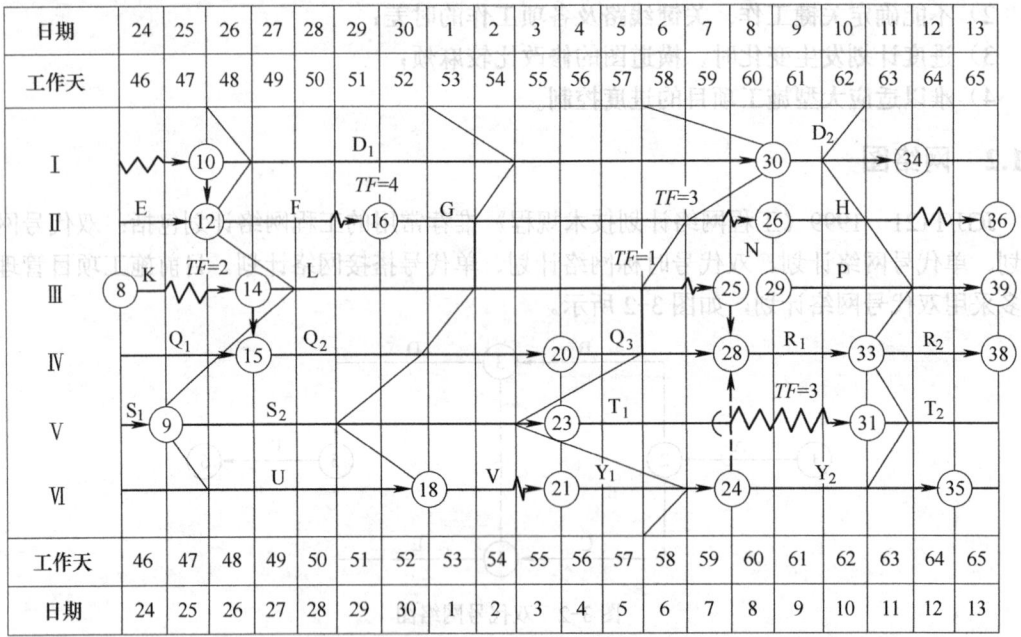

图 3-3 时标网络计划用前锋线检查的记录

3.2.2 进度计划的检查内容

1. 进度计划的检查必须包括以下内容

1）关键工作进度；
2）非关键工作进度及尚可利用的时差；
3）实际进度对各项工作之间逻辑关系的影响；
4）费用资料分析。

2. 检查结果的分析判断

通过对进度计划执行情况检查的结果进行分析判断，可以为进度计划的调整提供依据。一般应进行以下分析判断：

1）对时标网络计划，宜利用已画出的实际进度前锋线，分析计划的执行情况及其发展趋势，对未来的进度情况作出预测判断，找出偏离计划目标的原因及可供挖掘的潜力所在。
2）对无时标网络计划，宜按表 3-1 所列情况对计划中未完成的工作进行分析判断。

表 3-1 网络计划检查结果分析表

工作编号	工作名称	检查时尚需作业天数	按计划最迟完成前尚有天数	总时差/d		自由时差/d		情况分析
				原有	目前尚有	原有	目前尚有	

3. 分析判断的步骤

（1）**分析出现进度偏差的工作是否为关键工作**。如果出现进度偏差的工作位于关键线路上，即该工作为关键工作，无论其偏差有多大，都将对后续工作和总工期产生影响，必须采取相应的调整措施；如果出现进度偏差的工作是非关键工作，则需要根据进度偏差值与总时差和自由时差的关系做进一步分析。

（2）**分析进度偏差是否超过总时差**。如果工作的进度偏差大于该工作的总时差，则此进度偏差必将影响其后续工作和总工期，必须采取相应的调整措施；如果工作的进度偏差未超过该工作的总时差，则此进度偏差不会影响总工期，对其后续工作的影响程度还需根据偏差值与其自由时差的关系做进一步分析。

（3）**分析进度偏差是否超过自由时差**。如果工作的进度偏差大于该工作的自由时差，则此进度偏差将对其后续工作产生影响，此时应根据后续工作的限制条件确定调整方法；如果工作的进度偏差未超过该工作的自由时差，则此进度偏差不会影响其后续工作，因此，原进度计划可以不做调整。

进度偏差的分析判断过程如图 3-4 所示。通过分析，可以根据进度偏差的影响程度，制定相应的控制措施进行调整，以获得符合实际进度情况和计划目标的新进度计划。

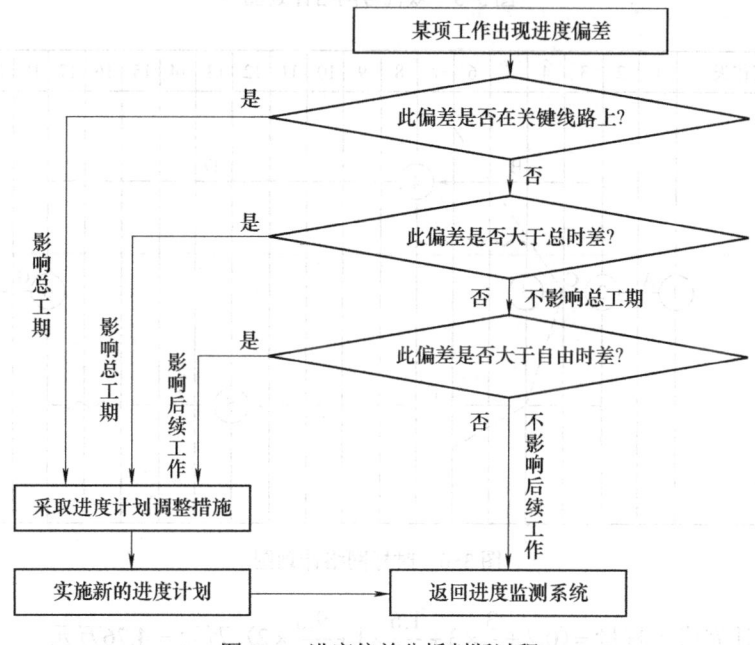

图 3-4 进度偏差分析判断过程

3.2.3 进度计划检查的实际应用

【例 3-1】 背景情况

某施工项目包含的工作名称、逻辑关系、持续时间及费用等，见表 3-2。施工总承包单位根据项目进度目标编制阶段进度网络计划，如图 3-5 所示。当计划执行到第 6 天结束时进行检查，将检查结果绘制成时标网络计划，如图 3-6 所示。试计算检查时累计完成工程量，分析各项工作与计划比较的执行情况，并判断阶段进度目标是否受影响。

表3-2 某施工项目工作名称、逻辑关系、持续时间及费用表

工作名称	测量放线	挖土	安装起重机	基础施工	管线铺设	管线试压	回填土
工作代号	A	B	C	D	E	F	G
紧后工作	B、C、E	D	D	G	F	G	
工作持续时间	2	5	2	10	10	3	2
费用/万元	0.2	3	2	7.2	9.8	1.8	0.6

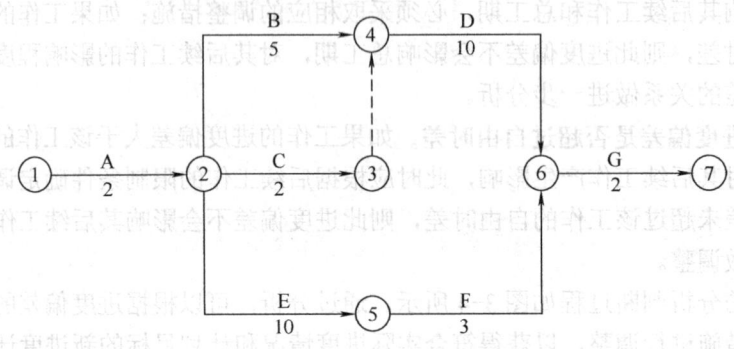

图3-5 双代号网络计划图

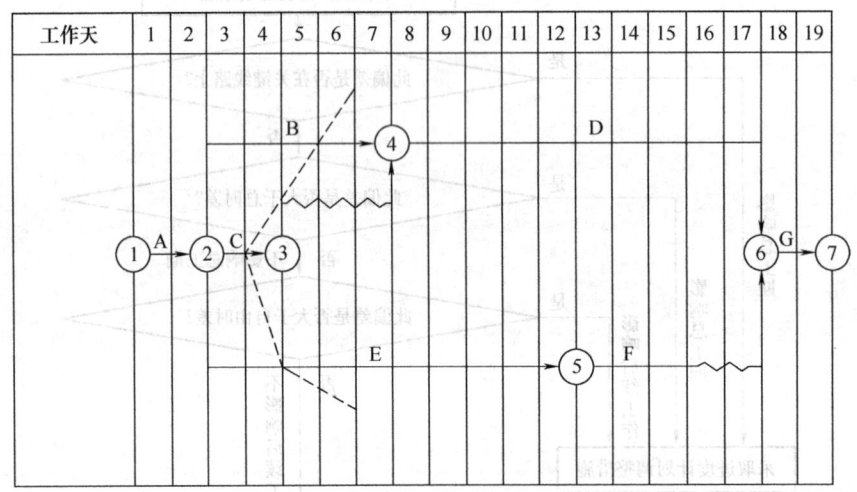

图3-6 时标网络计划图

分析 累计完成工程量 $= (0.2 + \dfrac{3}{5} \times 3 + \dfrac{1.6}{2} \times 1 + \dfrac{9.8}{10} \times 2)$ 万元 $= 4.76$ 万元

工作B与计划相比，延误了1天，因为工作B在关键线路上，因此将影响总工期1天；工作C与计划相比延误了3天，因工作C的总时差为3天，其不会影响总工期；工作E与计划相比延误了2天，因工作E的总时差为2天，其不会影响总工期，但会影响工作F的最早开始时间2天。

【例3-2】背景情况

某施工项目进度时标网络计划如图3-7所示。计划执行到第10周末检查实际进度时，发现工作A_1、A_2、B_1已经全部完成，工作A_3和工作B_2均已进行1周，工作C_1已进行2周。试用列表比较法分析判断进度情况。

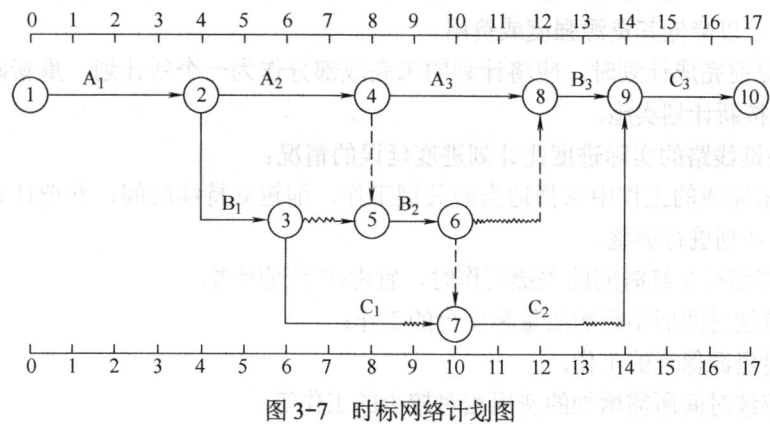

图 3-7 时标网络计划图

分析 根据施工项目进度计划及实际进度检查结果,可以计算出检查日期应进行工作的尚需作业时间、尚有总时差、尚有自由时差等,计算结果见表 3-3。通过比较原有时差和尚有时差,即可判断目前项目实际进度情况。

表 3-3 网络计划检查结果分析表

工作编号	工作名称	检查时尚需作业周数	按计划最迟完成前尚有周数	总时差 原有	总时差 目前尚有	自由时差 原有	自由时差 目前尚有	情 况 分 析
4—8	A_3	3	2	0	-1	0	-1	延误1周,影响紧后工作最早开始时间1周,影响工期1周
5—6	B_2	1	1	1	0	0	-1	延误1周,影响紧后工作最早开始时间1周,不影响工期
3—7	C_1	1	1	2	0	1	-1	延误2周,影响紧后工作最早开始时间1周,不影响工期

课题 3 施工进度计划的调整

3.3.1 进度计划调整内容

进度计划的调整可包括下列内容:
1) 关键线路长度的调整;
2) 非关键工作时差的调整;
3) 增减工作项目;
4) 调整逻辑关系;
5) 重新估计某些工作的持续时间;
6) 对资源的投入做相应调整。

3.3.2 进度计划调整方法

1. 调整关键线路的长度

(1) 对关键线路的实际进度比计划进度提前的情况:
1) 当不拟提前工期时,应选择资源占用量大的或直接费用高的后续关键工作,适当延长其持续时间,以降低其资源强度或费用。

2)当要提前完成计划时,应将计划的未完成部分作为一个新计划,重新确定关键工作的持续时间,按新计划实施。

(2)对关键线路的实际进度比计划进度延误的情况:

1)应在未完成的工作中选择适当的关键工作,缩短其持续时间,并把计划的未完成部分作为一个新计划进行调整。

2)在选择缩短持续时间的关键工作时,宜考虑下列因素。

①缩短持续时间而不影响质量和安全的工作;

②有充足资源保证的工作;

③缩短持续时间所需增加的费用相对较少的工作等。

2. 调整非关键工作的时差

非关键工作时差的调整应在其时差的范围内进行,以便更充分地利用资源、降低成本或满足施工的需要。每一次调整后都必须重新计算时间参数,观察该调整对计划全局的影响。调整方法可采用下列方法之一:

1)将工作在其最早开始时间与其最迟完成时间范围内移动;

2)延长工作的持续时间;

3)缩短工作的持续时间。

3. 增减工作项目

增、减工作项目时,应符合下列规定:

1)不打乱原网络计划的逻辑关系,只对局部逻辑关系进行调整;

2)重新计算时间参数,分析对原网络计划的影响。当对工期有影响时,应采取措施,保证计划工期不变。

4. 调整逻辑关系

逻辑关系的调整只有当实际情况要求改变施工方法或组织方法时才可进行。调整时应避免影响原定计划工期和其他工作的顺利进行。

5. 重新估计某些工作的持续时间

当发现某些工作的原持续时间有误或实现条件不充分时,应重新估算其持续时间,并重新计算时间参数。

6. 对资源的投入做相应调整

当资源供应发生异常时,应采用资源优化方法对计划进行调整或采取应急措施,使其对工期的影响最小。

3.3.3 进度计划调整的实际应用

【例3-3】背景情况

某施工项目按图3-8所示双代号网络计划图组织施工。在开工后第73天结束进行进度检查时,工作A刚刚全部完成,工作B准备开始。各工作相关参数见表3-4。试计算为使本施工项目仍按计划工期完成,赶工费用需多少?绘制调整后的进度计划网络图,并列出关键线路。

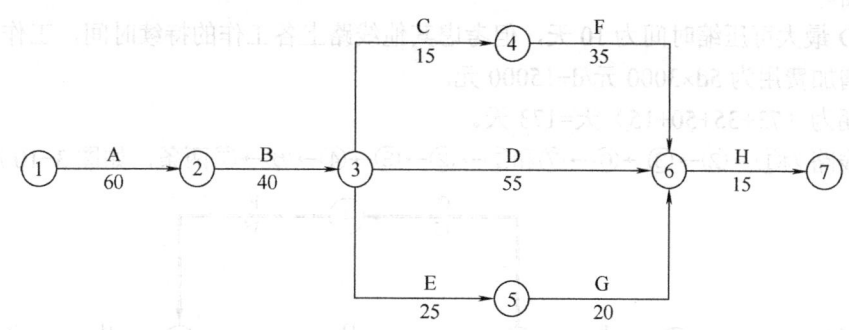

图 3-8 双代号网络计划图

表 3-4 各工作相关参数

序 号	工作名称	最大可压缩时间/d	赶工费用/（元/d）
1	A	10	2000
2	B	5	2000
3	C	3	1000
4	D	10	3000
5	E	5	2000
6	F	10	1500
7	G	10	1200
8	H	5	4200

分析 按原定进度计划，关键线路为①→②→③→⑥→⑦，计划工期为 170 天。第 73 天检查进度时，工作 A 刚完成，工作 B 还未开始，完成全部后续工作实际工期需 183 天。

为使施工项目仍按计划工期完成，必须赶工。

（1）关键工作 B、D、H 中，工作 B 压缩单位时间所增加费用最少，因此先压缩工作 B 的持续时间。

工作 B 最大可压缩时间为 5 天，压缩 5 天增加费用为 5d×2000 元/d=10000 元。

总工期为（73+35+55+15）天=178 天，如图 3-9 所示。

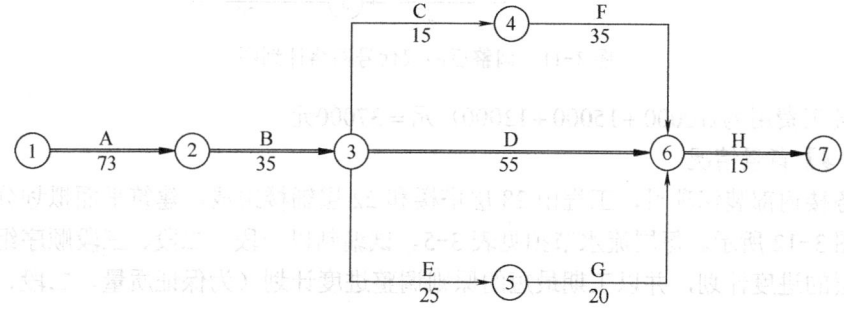

图 3-9 第一次调整后的网络图

(2) 后续关键工作中，工作 D 压缩单位时间所增加费用最少，故应对工作 D 的持续时间进行压缩。

工作 D 最大可压缩时间为 10 天，但考虑其他线路上各工作的持续时间，工作 D 只能压缩 5 天，增加费用为 5d×3000 元/d=15000 元。

总工期为（73+35+50+15）天=173 天。

关键线路为①→②→③→⑥→⑦和①→②→③→④→⑥→⑦两条，如图 3-10 所示。

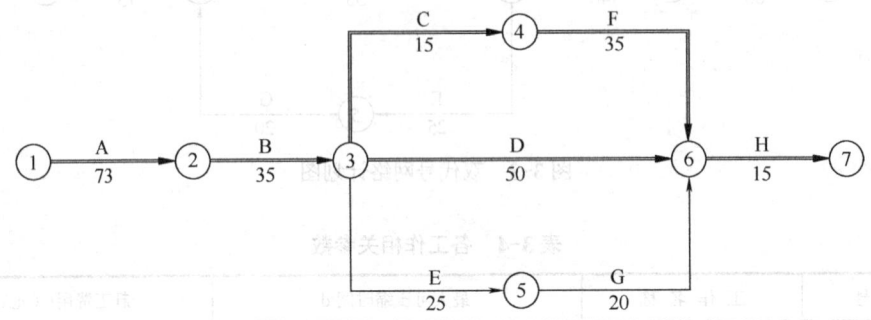

图 3-10 第二次调整后的网络图

(3) 要进一步压缩工作的持续时间，可选择：

1）同时压缩工作 C 和工作 D；
2）同时压缩工作 D 和工作 F；
3）压缩工作 H。

同时压缩工作 C 和工作 D 增加费用最少，故应同时压缩工作 C 和工作 D。

工作 C 最大可压缩时间为 3 天，本次调整压缩 3 天，增加费用为 3d×1000 元/d+3d×3000 元/d=12000 元。

总工期为（73+35+47+15）天=170 天，调整后的进度计划如图 3-11 所示。

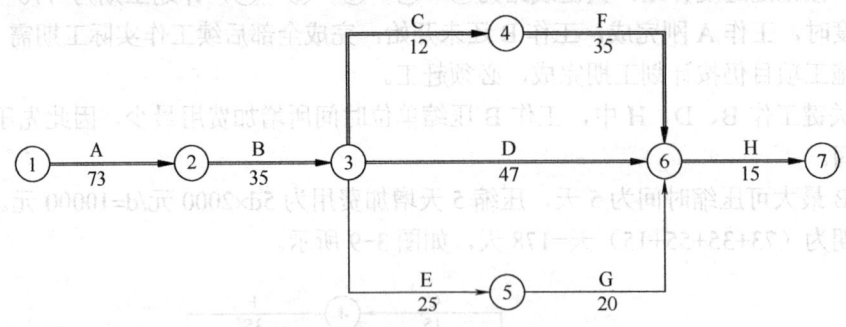

图 3-11 调整后的双代号网络计划图

(4) 赶工费用为(10000＋15000＋12000)元＝37000元。

【例 3-4】背景情况

某商务楼内部装修项目，工程由 28 层塔楼和 22 层辅楼组成。建筑平面拟划分为三个施工段，如图 3-12 所示。每层流水节拍见表 3-5。试编制以一段、二段、三段顺序组织流水施工时一个层的进度计划，并以工期最短的原则调整进度计划（为保证质量，二段、三段必须连续施工）。

单元3 施工项目进度控制   55

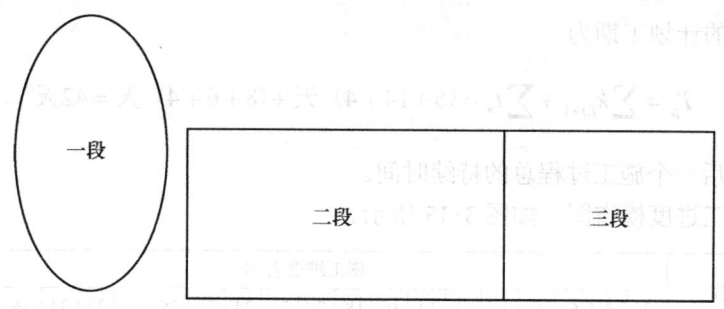

图 3-12 建筑平面示意图

表 3-5 各施工过程流水节拍

序 号	施 工 过 程	流水节拍/d		
		一段	二段	三段
1	管 线	6	4	2
2	墙 面	8	6	6
3	吊 顶	4	2	2
4	地 面	8	6	4

分析 （1）本施工项目各施工过程在各施工段上的流水节拍不完全相同，宜组织无节奏流水施工。

1）计算流水步距。

① 管线与墙面。

$$\begin{array}{rrrr} 6 & 10 & 12 & \\ & 8 & 14 & 20 \\ \hline 6 & 2 & -2 & -20 \end{array}$$

$$k_{管线,墙面} = 6 \text{天}$$

② 墙面与吊顶。

$$\begin{array}{rrrr} 8 & 14 & 20 & \\ & 4 & 6 & 8 \\ \hline 8 & 10 & 14 & -8 \end{array}$$

$$k_{墙面,吊顶} = 14 \text{天}$$

③ 吊顶与地面。

$$\begin{array}{rrrr} 4 & 6 & 8 & \\ & 8 & 14 & 18 \\ \hline 4 & -2 & -6 & -18 \end{array}$$

$$k_{吊顶,地面} = 4 \text{天}$$

2）一个层的计划工期为

$$T_p = \sum k_{i,i+1} + \sum t_n = (6+14+4) 天 + (8+6+4) 天 = 42天$$

式中　t_n——最后一个施工过程总的持续时间。

3）绘制施工进度横道图，如图3-13所示。

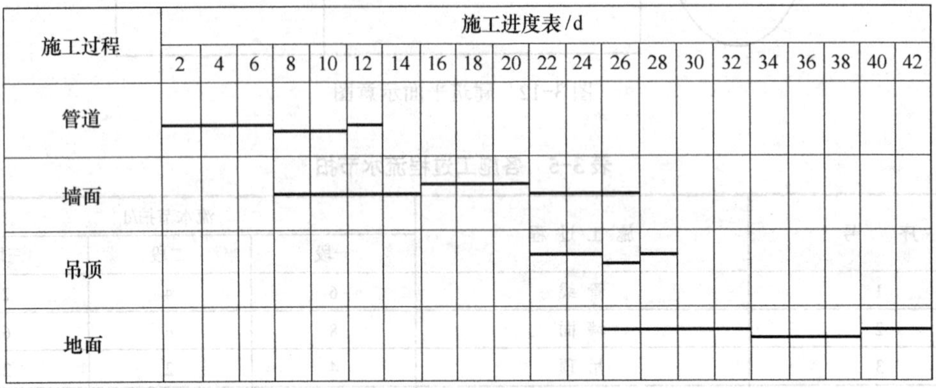

施工过程	施工进度表/d																				
	2	4	6	8	10	12	14	16	18	20	22	24	26	28	30	32	34	36	38	40	42
管道																					
墙面																					
吊顶																					
地面																					

图3-13　施工进度横道图

（2）要以工期最短的原则调整进度计划，此装修项目可采用改变施工段之间的逻辑关系来调整。通过分析比较，施工顺序为三段→二段→一段时，一个层的工期最短。

1）计算流水步距。

① 管线与墙面。

$$\begin{array}{rrrr} 2 & 6 & 12 & \\ & 6 & 12 & 20 \\ \hline 2 & 0 & 0 & -20 \end{array}$$

$k_{管线,墙面} = 2天$

② 墙面与吊顶。

$$\begin{array}{rrrr} 6 & 12 & 20 & \\ & 2 & 4 & 8 \\ \hline 6 & 10 & 16 & -8 \end{array}$$

$k_{墙面,吊顶} = 16天$

③ 吊顶与地面。

$$\begin{array}{rrrr} 2 & 4 & 8 & \\ & 4 & 10 & 18 \\ \hline 2 & 0 & -2 & -18 \end{array}$$

$k_{吊顶,地面} = 2天$

2）一个层的计划工期为

$$T_p = \sum k_{i,\ i+1} + \sum t_n = (2+16+2) \text{ 天} + (4+6+8) \text{ 天} = 38 \text{天}$$

3）绘制施工进度横道图，如图 3-14 所示。

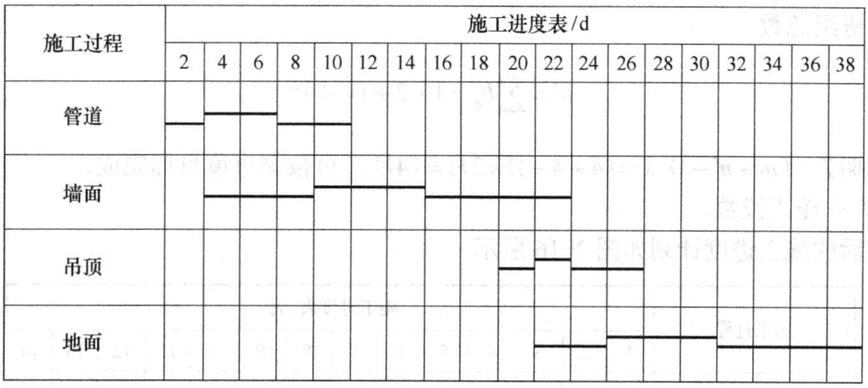

施工过程	施工进度表/d
	2 4 6 8 10 12 14 16 18 20 22 24 26 28 30 32 34 36 38
管道	
墙面	
吊顶	
地面	

图 3-14 施工进度横道图

【例 3-5】 背景情况

某施工项目为建设四幢相同类型相同规模的标准厂房，划分为地基基础工程（A）、主体结构工程（B）、机电和装修工程（C）三个施工过程，流水节拍分别为 2 个月、4 个月、2 个月。施工单位编制并经审批的施工进度计划如图 3-15 所示。

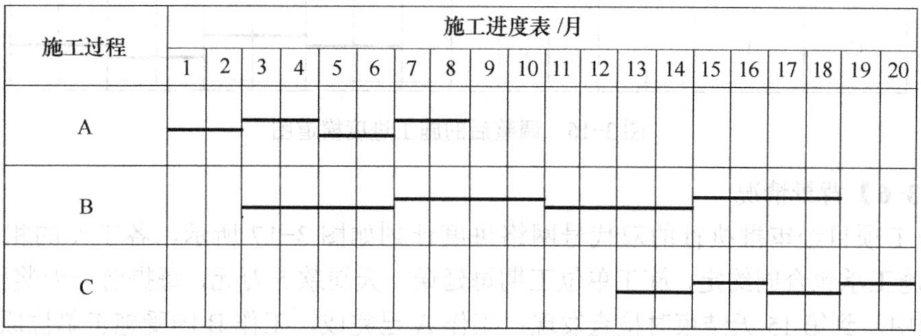

施工过程	施工进度表/月
	1 2 3 4 5 6 7 8 9 10 11 12 13 14 15 16 17 18 19 20
A	
B	
C	

图 3-15 施工进度横道图

由于前期准备工作拖延了 6 个月，建设单位要求仍按原定进度目标完成，试对进度计划进行调整。

分析 要按原定进度目标完成，就必须对其按进度计划进行调整。经分析发现，主体结构工程的流水节拍较长，原进度计划没有充分利用工作面，如有充足的资源保证，可将原进度计划调整为成倍节拍流水施工。

三个施工过程的流水节拍分别为 2 个月、4 个月、2 个月，其最大公约数为 2 个月，则

$$\text{流水步距} \, k = 2 \, \text{月}$$

各施工过程的班组数

$$b_{\text{基础}} = \frac{2}{2} \text{个} = 1 \text{个}$$

$$b_{主体} = \frac{4}{2}个 = 2个$$

$$b_{安装} = \frac{2}{2}个 = 1个$$

施工班组总数

$$n' = \sum b_n = 1 + 2 + 1 = 4个$$

总工期$T = (m + n' - 1)\ k = (4 + 4 - 1) \times 2月 = 14月$，可按原进度目标完成。

式中 m——施工段数。

调整后的施工进度计划如图 3-16 所示。

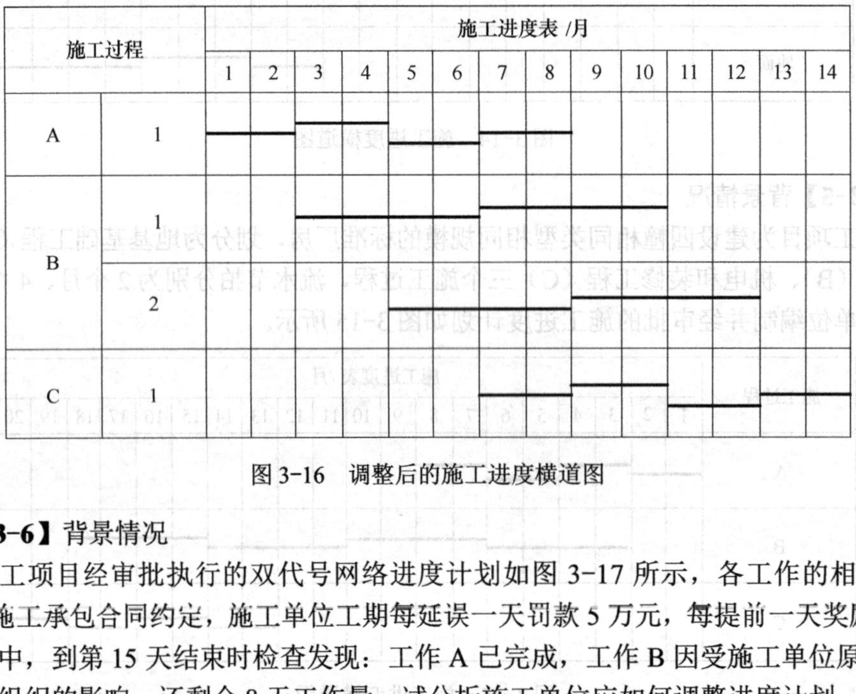

施工过程
施工进度表 /月
1 2 3 4 5 6 7 8 9 10 11 12 13 14
A 1
B 1
2
C 1

图 3-16 调整后的施工进度横道图

【例 3-6】背景情况

某施工项目经审批执行的双代号网络进度计划如图 3-17 所示，各工作的相关参数见表 3-6。施工承包合同约定，施工单位工期每延误一天罚款 5 万元，每提前一天奖励 2 万元。实施过程中，到第 15 天结束时检查发现：工作 A 已完成，工作 B 因受施工单位原材料供应和劳动力组织的影响，还剩余 8 天工作量，试分析施工单位应如何调整进度计划，使可能增加的费用最少，并计算增加费用为多少。

A 10
C 12
E 24
I 28
H 8
B 18
D 26
F 12
J 4
K 32
G 40
L 16
1 2 3 4 5 6 7 8 9 10

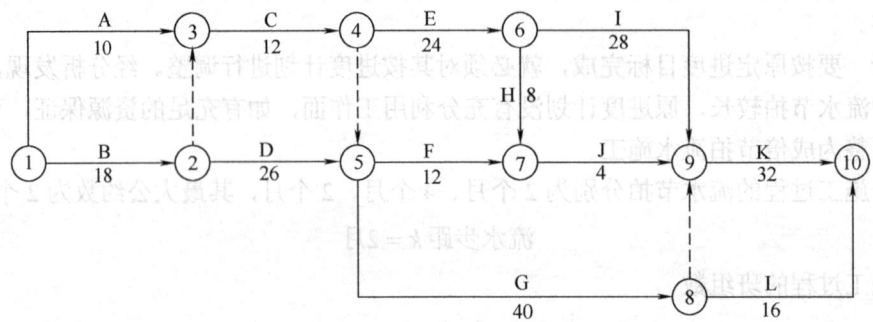

图 3-17 双代号网络计划图

表 3-6 各工作相关参数

工作名称	持续时间/d	可压缩时间/d	压缩需增加费用/（万元/d）
A	10	2	1
B	18	0	
C	12	2	3.5
D	26	2	4
E	24	2	3.5
F	12	1	2
G	40	5	2
H	8	1	2
I	28	2	1.5
J	4	0	
K	32		6
L	16	2	2

分析 该施工项目的进度计划中,关键线路为①→②→⑤→⑧→⑨→⑩,计划工期为 116 天。根据实际检查结果,工作 B 延误了 5 天,因工作 B 在关键线路上,故其将影响总工期 5 天。按施工承包合同约定,施工单位将被罚款 25 万元。为降低经济损失,施工单位应压缩后续工作的持续时间。

（1）在后续关键工作 D、G、K 中,压缩所需增加费用最少的是工作 G,故压缩工作 G 的持续时间。

工作 G 最大可压缩时间为 5 天,但考虑其他线路上各工作的持续时间,工作 G 只能压缩 2 天,增加费用为 2d×2万元/d=4万元。

总工期为（23+26+38+32）天=119 天或（23+12+24+28+32）天=119 天。

关键线路为①→②→⑤→⑧→⑨→⑩和①→②→③→④→⑥→⑨→⑩两条。

进度计划如图 3-18 所示。

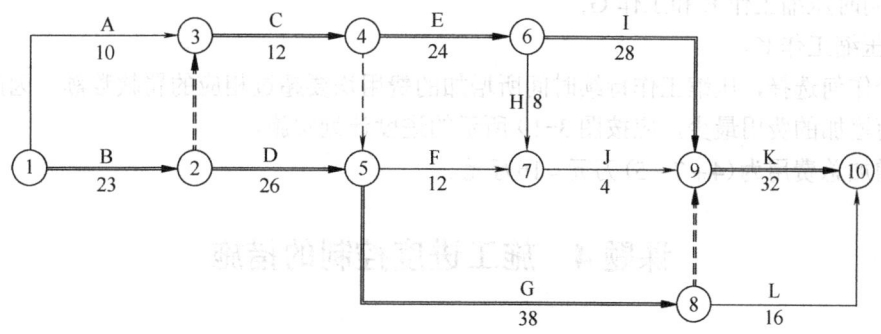

图 3-18 第一次调整后的网络图

（2）要进一步压缩工作的持续时间,可选择:
1）同时压缩工作 C 和工作 D;
2）同时压缩工作 D 和工作 E;
3）同时压缩工作 D 和工作 I;

4）同时压缩工作 C 和工作 G；

5）同时压缩工作 E 和工作 G；

6）同时压缩工作 G 和工作 I；

7）压缩工作 K。

同时压缩工作 G 和工作 I 增加费用最少，故应同时压缩工作 G 和工作 I。

工作 I 最大可压缩时间为 2 天，故本次调整只能压缩 2 天，增加费用为（2×2+2×1.5）万元= 7 万元。

总工期为（23+26+36+32）天=117 天或（23+12+24+26+32）天=117 天。

关键线路为①→②→⑤→⑧→⑨→⑩和①→②→③→④→⑥→⑨→⑩两条。

进度计划如图 3-19 所示。

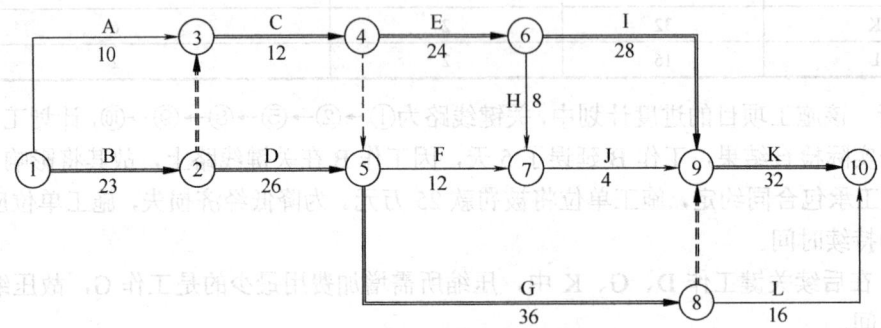

图 3-19 第二次调整后的网络图

（3）要进一步压缩工作的持续时间，可选择：

1）同时压缩工作 C 和工作 D；

2）同时压缩工作 D 和工作 E；

3）同时压缩工作 C 和工作 G；

4）同时压缩工作 E 和工作 G；

5）压缩工作 K。

无论作何选择，压缩工作持续时间所增加的费用均要超过相应的罚款数额，因此要使进度延误而增加的费用最少，应按图 3-19 所示的进度计划实施。

需增加总费用为(4+7+5)万元=16万元。

课题 4　施工进度控制的措施

3.4.1　进度控制的组织措施

为实现施工项目的进度目标，应充分重视健全项目管理的组织体系，由专门的工作部门和符合要求的专业人员负责进度控制工作。

进度控制过程中的每个工作环节都应在任务分工表和管理职能分工表中进行标示并落实。

组织措施还包括编制进度控制的工作流程、通过进度控制会议进行组织和协调等。

3.4.2 进度控制的管理措施

施工项目进度控制的管理措施涉及管理的思想、管理的方法、管理的手段、承发包模式、合同管理和风险管理等。

进度控制的管理思想应突出项目管理系统的观念、动态控制的观念、多方案比较的观念。

管理方法应重视利用工程网络计划的方法编制进度计划,有利于实现进度控制的科学化。要重视信息技术的应用,提高进度信息处理的效率,提高进度信息的透明度,促进进度信息的交流和项目各参与方的协同配合。

承发包模式的选择直接关系到项目实施的组织和协调,应避免过多的合同交界面,以免影响项目的进展。

为实现施工项目进度目标,不但应进行进度控制,还应注意分析影响项目进度的风险,并在分析的基础上采取风险管理措施,以减少进度失控的风险量。

3.4.3 进度控制的技术措施

施工项目进度控制的技术措施涉及对实现进度目标有利的设计技术和施工技术的选用。

不同的设计理念、设计方案会对施工项目进度产生不同的影响。在设计方案评审和选择时,应对设计技术与施工进度的关系作分析比较。在施工进度受阻时,应分析是否存在设计技术的影响因素,为实现进度目标有无设计变更的可能性。

施工技术的选择对施工进度有直接影响。在决策选用时,不仅应分析技术的先进性和经济性,还应考虑其对进度的影响。在进度受阻时,应分析是否存在施工技术的影响因素,为实现进度目标有无改变施工技术、施工方法和施工机械的可能性。

3.4.4 进度控制的经济措施

施工项目进度控制的经济措施涉及资金需求计划、资金供应条件和经济激励措施等。

为确保进度目标的实现,应编制与施工进度计划相适应的资源需求计划,包括资金需求计划、劳动力需求计划、材料需求计划、机械设备需求计划等,以反映项目实施各阶段所需要的资源。

资金供应条件包括可能的资金总供应量、资金来源以及资金供应的时间。在项目预算中应考虑加快施工进度所需要的资金,其中包括为实现进度目标将要采取的经济激励措施所需要的费用。

单 元 小 结

本单元主要讲述施工进度的表述形式,横道图和网络图的特点及应用。介绍施工进度计划的检查方法、检查内容和实际应用。介绍施工进度计划的调整内容、调整方法和在工程实际中调整的具体应用。叙述施工进度控制的组织措施、管理措施、技术措施和经济措施等。

复习思考题

1. 施工进度计划的表述形式有哪几种?各有什么特点?
2. 当采用时标网络计划时,应如何检查进度计划的执行情况?
3. 施工进度计划的检查必须包括哪些内容?

4. 对施工进度计划检查结果的分析判断有哪几个步骤？
5. 施工进度计划的调整包括哪些内容？
6. 施工进度计划的调整方法有哪些？
7. 施工进度控制的措施有哪些？
8. 施工进度控制的组织措施包括哪些内容？

案例分析题

1. 试根据表3-7、表3-8和表3-9已定的某三个工程的逻辑关系分别绘制其双代号网络图。

表3-7 各工作之间的逻辑关系（一）

工作名称	紧前工作	持续时间	工作名称	紧前工作	持续时间
A		3	E	C	2
B	A	3	F	D	3
C	A	5	G	E、D	5
D	B、C	4	H	F、G	2

表3-8 各工作之间的逻辑关系（二）

工作名称	紧前工作	持续时间	工作名称	紧前工作	持续时间
A		5	F		4
B	A	10	G	D、E	5
C	A	6	H	E、F	8
D	B	7	I	G、H	6
E	B、C	5			

表3-9 各工作之间的逻辑关系（三）

工作名称	紧前工作	紧后工作	持续时间	工作名称	紧前工作	紧后工作	持续时间
A		D	4	E	B、C	G	4
B		E	6	F		D	12
C		E、H	5	G	D、E		7
D	A	F、G	6	H		C	8

2. 某网络计划如图3-20所示，试计算各项工作的时间参数，确定关键工作和关键线路。

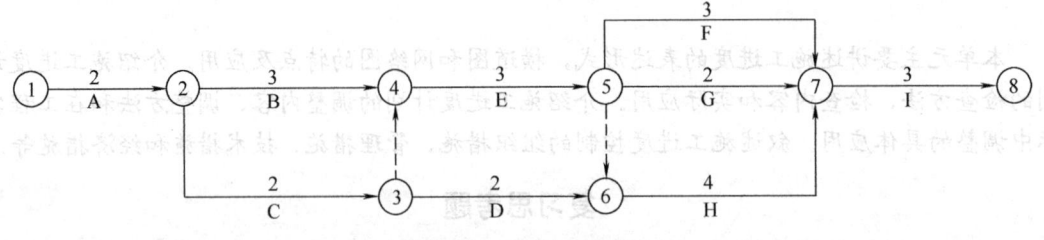

图3-20 习题2附图

3. 某网络计划如图3-21所示，试计算各项工作的时间参数，确定关键工作和关键线路。

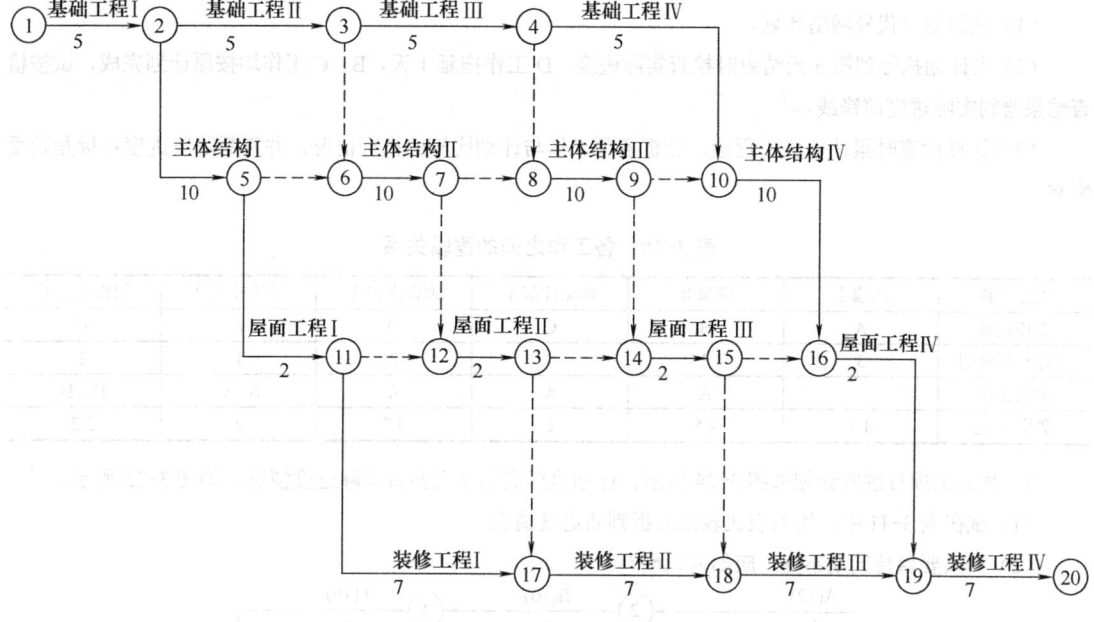

图 3-21　习题 3 附图

4. 某网络计划如图 3-22 所示，试按最早时间绘制双代号时标网络图，并在图上标注关键线路和各项工作的总时差。

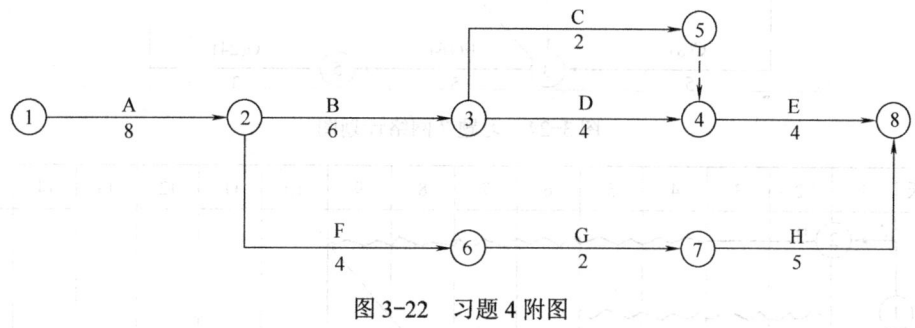

图 3-22　习题 4 附图

5. 某网络计划如图 3-23 所示，试按最早时间绘制双代号时标网络图，并在图上标注关键线路和各项工作的总时差。

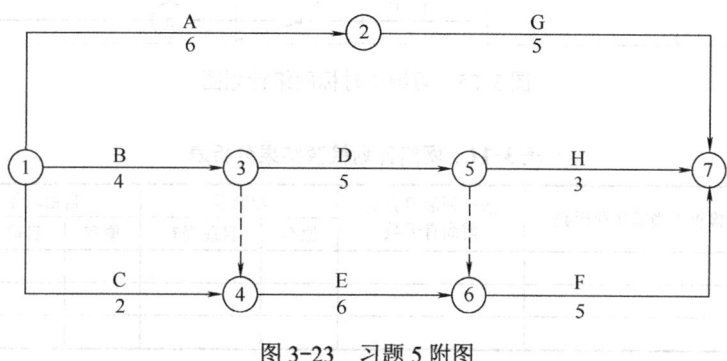

图 3-23　习题 5 附图

6. 某项目地下室工程，划分为两段施工，部分工序逻辑关系、持续时间及费用等，见表3-10。

(1) 试编制双代号网络计划。

(2) 当计划执行到第5天结束时检查实际进度，D工作拖延1天，B、C工作均按原计划完成，试按检查结果绘制实际进度前锋线。

(3) 计算检查时累计完成工程量，分析各项工作与计划比较的执行情况，并判断阶段进度目标是否受影响。

表3-10 各工作之间的逻辑关系

工作名称	砌墙Ⅰ	砌墙Ⅱ	外墙抹灰Ⅰ	顶板支模Ⅰ	外墙抹灰Ⅱ	顶板支模Ⅱ
工作代号	A	B	C	D	E	F
工作持续时间	3	3	1	2	1	2
紧前工作		A	A	A	B、C	B、D
费用/万元	4.5	4.5	2	3.2	2	3.2

7. 某施工项目进度计划如图3-24所示。计划执行到第9天检查实际进度情况，如图3-25所示。

(1) 试在表3-11中，用列表比较法分析判断进度情况。

(2) 如果要保持工期不变，应如何调整？

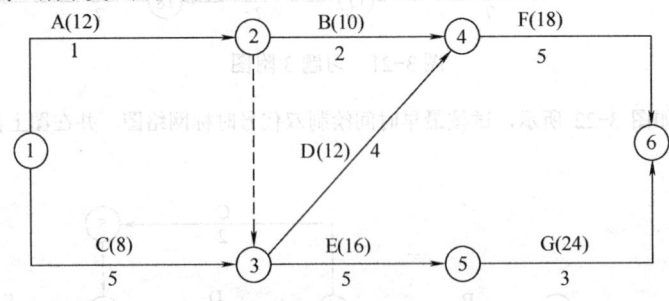

图3-24 习题7网络计划图

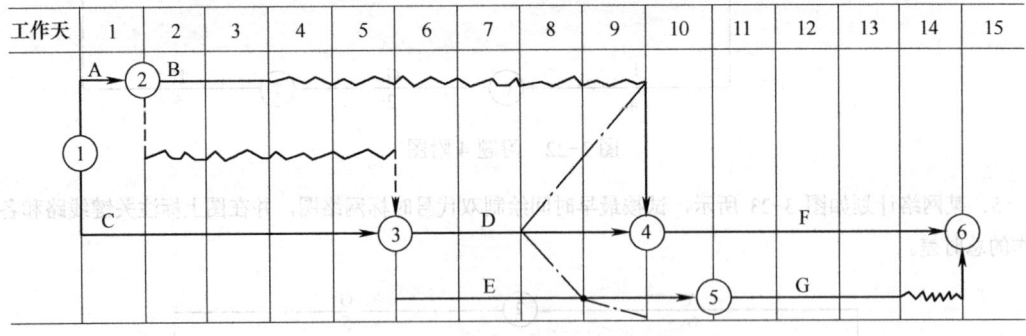

图3-25 习题7时标网络计划图

表3-11 网络计划检查结果分析表

工作编号	工作名称	检查时尚需作业天数	按计划最迟完成前尚有天数	总时差		自由时差		情况分析
				原有	目前尚有	原有	目前尚有	
2—4								
3—4								
3—5								

8. 某施工项目按图 3-26 所示进度计划组织施工。在第 5 天结束时进行进度检查，工作 1—2 刚刚完成 2 天工作量。各工作相关参数见表 3-12。

(1) 为使本施工项目仍按计划工期完成，赶工费用需多少？

(2) 绘制调整后的进度计划网络图，并列出关键线路。

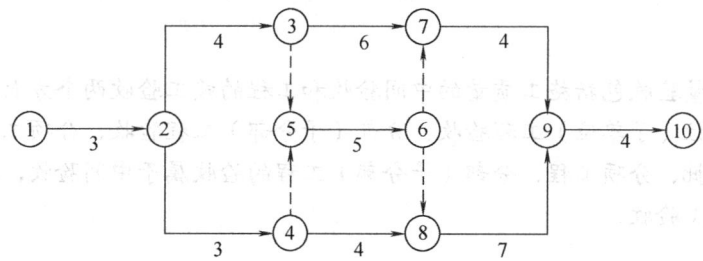

图 3-26 习题 8 双代号网络计划图

表 3-12 各工作相关参数

工 作 编 号	最大可压缩时间/d	赶工费用/（元/d）
1—2	0	
2—3	1	2000
2—4	1	1000
3—7	2	3000
4—8	1	2000
5—6	2	1500
7—9		1200
8—9	2	2200
9—10	1	4000

单元 4 施工项目质量控制

【单元概述】

施工项目质量验收包括施工质量的中间验收和工程的竣工验收两个方面。建筑工程质量验收应划分为单位（子单位）工程验收、分部（子分部）工程验收、分项工程验收和检验批验收。其中检验批、分项工程、分部（子分部）工程的验收属于中间验收，单位（子单位）工程验收属于竣工验收。

【学习目标】

通过本单元的学习，学生应了解施工项目质量控制的特点和控制原理；掌握影响施工项目质量控制的因素；熟悉施工准备质量控制的主要内容及要点；熟悉施工过程质量控制的主要内容及要点；熟悉建筑工程质量验收的层次划分；熟悉质量验收不符合要求时的处理规定；熟悉施工质量事故的特点和分类；熟悉质量事故的处理依据，事故的报告和处理原则。

课题 1 施工项目质量控制的特点和控制原理

4.1.1 施工项目的质量特性和质量控制

根据 ISO9000 质量管理体系标准，**质量的定义是**：一组固有特性满足要求的程度。其内涵为：质量不仅是指产品的质量，也包括某项活动或过程的工作质量，还包括质量管理体系运行的质量；质量的关注点是一组固有特性，而不是赋予的特性；质量是满足要求的程度，要求是指明示的、隐含的或必须履行的需要或期望；质量要求是动态的、发展的、相对的。

质量控制是质量管理的一部分，致力于满足质量要求的一系列相关活动。施工项目质量控制就是施工项目各参与方围绕着致力于满足业主要求的质量总目标而开展的作业技术活动和管理活动。

1. 施工项目的质量特性

施工项目的质量特性主要表现在以下五个方面：

1）**适用性**是指施工项目满足使用要求的各种性能。如：满足正常生活、生产需要，具有规定的使用功能，使用便捷等。

2）**安全性**是指施工项目在正常施工和正常使用的条件下，保证结构安全、人身安全和环境安全的程度。

3）**耐久性**是指在正常使用、正常维护的条件下，在预计的使用年限内能满足各项规定的功能要求。GB50068—2001《建筑结构可靠度设计统一标准》规定，普通房屋和构筑物的设计使用年限为 50 年。

4）**经济性**是指施工项目从决策、实施到使用的全寿命周期内的成本和消耗的费用。包括建设全过程的总投资和使用阶段的消耗、维护保养、技术更新等费用，而不仅仅是项目的施工费用或建设费用，它体现整个项目的性价比。

5）**与环境的协调性**是指施工项目与周围建筑环境、生态环境、文化环境、经济环境相协调，以适应可持续发展的要求。

以上五个方面质量特性之间是相互联系、相互依存的，同时这些特性是施工项目必须达到的基本要求，缺一不可，当然，对于不同特点、不同环境条件下的施工项目，其对质量特性的要求也会有不同的侧重。

2．施工项目的质量控制

（1）施工项目质量控制按其实施主体的不同，分为自控主体和监控主体。

1）政府的质量控制。**政府属于监控主体**，政府的质量控制是以法律、法规及强制性标准为依据，以第三方强制性监督为手段，通过施工许可和竣工验收备案来控制。

2）业主方的质量控制。**业主方属于监控主体**，主要是委托具有相应资质的咨询单位，以法律、法规及有关技术标准、设计文件和建设工程承包合同为依据，对施工项目实施全过程进行质量控制。

3）勘察设计单位的质量控制。**勘察设计单位属于监控主体**，以工程设计文件和技术标准为依据，参与工程质量检查验收、质量事故分析处理，对施工项目实体质量进行监控。

4）施工方的质量控制。**施工方属于自控主体**，是以工程合同、设计文件和技术标准为依据，对施工准备、施工过程、竣工验收全过程进行质量控制。

5）供货方的质量控制。**供货方属于自控主体**，应按照供货合同约定的质量标准提供货物及其资料，并对其产品质量负责。

施工项目质量控制的自控和监控是相辅相成的。自控主体的质量意识和能力是关键，是施工项目质量的决定因素；各监控主体的质量监控是对自控行为的推动与约束。因此，自控主体必须正确处理自控和监控的关系，在致力于施工质量自控的同时，还必须接受来自各监控主体对其质量行为和结果所进行的监督管理，包括质量检查、评价和验收。但作为自控主体不能因为监控主体的存在和监控职能的实施而减轻或免除其质量责任。

（2）施工项目质量控制按质量形成过程，分为施工准备的质量控制、施工过程的质量控制和竣工验收的质量控制。

1）施工准备的质量控制。施工准备的质量控制是指施工项目开工前的全面施工准备和施工过程中各分部分项工程作业前的施工准备。

2）施工过程的质量控制。施工过程的质量控制是指在施工过程中对投入的生产要素质量及作业技术活动的实施状态和产出结果所进行的控制，如作业技术交底、工序控制、交接检查、设计变更等。

3）竣工验收质量控制。竣工验收质量控制是指对通过施工过程所完成的具有独立的功能和使用价值的最终产品及相关质量进行认可的控制。

4.1.2 施工项目的特点及项目质量控制的特点

1．施工项目的特点

（1）**单项性**。施工项目不同于制造业工厂中连续的批量产品，它是按业主的建设意图进行单项设计的，其施工的内外部管理条件、所在地点的自然和社会环境、生产的工艺过程等各不相同，即使同类型的施工项目，其实施过程也千差万别。

（2）**实施的一次性与寿命的长期性**。施工项目的实施必须一次成功，其质量必须在一次建设过程中全部满足合同规定的要求。施工项目不同于制造业产品，如果不合格可以报废，售出的可以用退货的方式补偿顾客的损失，施工项目质量不合格会长期影响其正常使用，甚至危及生命和财产安全。

（3）**高投入性**。每一个施工项目都需要投入大量的人力、物力和财力，实施建设的时间周期也很长，一旦产生质量问题，往往会造成巨大的经济损失。

（4）**生产管理方式的特殊性**。施工项目实施的地点是特定的，产品位置固定而操作人员流动，实施过程还要受到外部的监督管理，这些特点造成了施工项目管理方式的特殊性。

（5）**风险性**。施工项目因体形庞大，往往在自然环境中露天生产，受自然环境的阻碍或损害很多，同时由于实施周期长，遭遇社会经济风险的机会也很大，具有一定的风险。

2．施工项目质量控制的特点

由于施工项目具有其自身的特点，因而形成了施工项目质量控制的特点：

（1）**影响因素多**。施工项目质量受到多种因素的影响，如决策、设计、材料、机械设备、施工方法、人员素质、工期、投资等，这些因素直接或间接地影响施工项目的质量。

（2）**质量波动大**。由于项目施工的单件性、流动性，不像一般工业产品的生产，有固定的生产流水线、成套的生产设备和稳定的生产环境，因此施工项目质量容易产生质量波动且波动较大。

（3）**质量隐蔽性**。施工过程中，工种交接多、中间环节多、隐蔽工程多，因此存在质量隐蔽性，不进行全过程的质量控制，就很难发现内在的质量缺陷，就容易产生判断错误，特别是第二类判断错误（将不合格品误判为合格品）。

（4）**终检局限性**。施工项目无法像一般工业产品那样在建成后依靠终检来判断产品质量，也不能将项目拆卸、解体来检查其内在质量，因此，施工项目的终检存在一定的局限性，这就要求施工项目的质量控制应以预防为主，防患于未然。

（5）**评价方法特殊性**。施工项目质量是按检验批、分项工程、分部工程、单位工程的顺序进行的，是在施工单位自行检查评定的基础上，由监理工程师（或建设单位项目负责人）组织有关单位、人员进行检查确认。

4.1.3 施工项目的质量影响因素

1．人员素质

人包括施工项目的决策者、管理者、操作者。人的素质包括参与施工项目建设各类人员的生产技能、文化素养、生理体能、心理行为等方面的个体素质及经过合理组织充分发挥其潜在能力的群体素质。在施工质量管理中，人的因素起决定性的作用。因此，施工项目质量控制应以控制人的因素为基本出发点。

2．工程材料

工程材料是指构成项目实体的各类建筑材料、构配件、半成品等，是项目施工的物质条件，是形成施工项目质量的基础因素。

3．机械设备

机械设备可分为工程设备和施工机具设备。工程设备是指组成施工项目实体的工艺设备和各类机具，如电梯、水泵、通风空调等。施工机具设备是指施工过程中使用的各种机具设备，包括垂直运输设备、各类操作机具、施工安全设施、测量计量仪器等。

4. 施工方法

在项目施工中，施工方法是否合理，施工工艺是否先进，施工操作是否正确，都将对施工项目质量产生重大影响。

5. 环境条件

环境条件包括：工程技术环境，如地质、水文、气象等；工程作业环境，如施工作业面大小、通风照明、通信条件、防护设施等；工程管理环境，如项目实施的合同结构、组织体制、管理制度等；周边环境，如邻近的建筑物、地下管线、设施等。

4.1.4 施工项目的质量控制原理

1. PDCA 循环

在长期生产实践和理论研究中形成的 PDCA 循环，是确立质量管理和建立质量体系的基本原理。PDCA 循环如图 4-1 所示。质量控制就是在明确的质量目标指导下，按照 PDCA 循环原理来实现预期目标，每一循环都围绕着实现预期的目标，进行计划、实施、检查、处置活动，随着对存在问题的克服、解决和改进，不断增强质量能力，提高质量水平。

（1）**计划 P（Plan）**。计划的职能包括两方面内容：明确质量目标和制定实现质量目标的行动方案。

（2）**实施 D（Do）**。实施包含两个环节：即行动方案的交底和按计划规定的方法与要求开展作业技术活动。

（3）**检查 C（Check）**。对计划实施过程进行各种检查，包括作业者的自检、互检和专职管理者的专检。各类检查都包含两大方面：一是检查是否严格执行了计划的行动方案，实施条件是否发生了变化，不执行计划的原因；二是检查计划执行的结果，及产出的质量是否达到目标要求，对此进行确认和评价。

（4）**处置 A（Action）**。对于质量检查所发现的质量问题，及时进行原因分析，采取必要的措施予以纠正，保持质量形成过程的受控状态。处置分纠偏和预防两个方面。纠偏是采取应急措施，解决当前的质量偏差；预防是反馈目前质量信息，分析问题所在，确定改进目标和措施，为今后同类质量问题的预防提供借鉴。

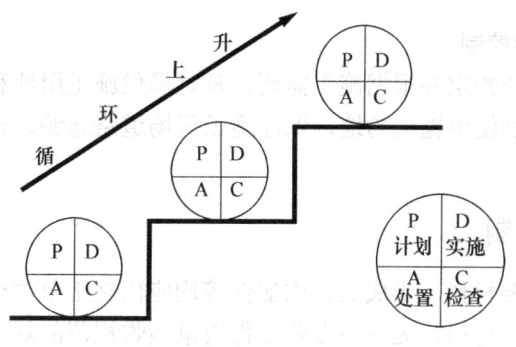

图 4-1 PDCA 循环图

2. 全面质量管理

全面质量管理的基本原理是在组织的最高管理者质量方针的指引下，开展全面、全过程和全员参与的质量管理。

(1) 全面质量控制。全面质量控制是指工程质量和工作质量的全面控制，工作质量是工程质量的保证，工作质量直接影响工程质量的形成。

(2) 全过程质量控制。全过程质量控制是指根据工程质量形成的规律，从源头抓起，全过程推进。包括：项目策划与决策过程、勘察设计过程、施工采购过程、施工组织与准备过程、检测设备控制与计量过程、施工生产的检验试验过程、工程质量评价过程、工程竣工验收与交付过程、工程回访维修服务过程。

(3) 全员参与控制。无论管理者还是作业者，每个岗位都承担着相应的质量职能，组织的最高管理者确定了质量方针和目标后，要组织和动员全体员工参与到实施质量方针的活动中去。开展全员参与质量管理的主要手段就是运用目标管理方法，将组织的质量总目标逐级分解，使之形成自上而下的质量目标分解体系和自下而上的质量目标保证体系，发挥每个工作岗位、每个职能部门在实现质量总目标过程中的作用。

课题 2　施工准备质量控制

4.2.1　技术准备的质量控制

技术准备是指在正式开展施工作业活动前进行的技术准备工作。包括：熟悉施工图纸，进行设计交底和图纸会审；细化施工技术方案和施工人员、机具的配置方案，编制施工作业技术指导书，进行必要的技术培训。

4.2.2　现场施工准备的质量控制

1. 工程定位和标高基准的控制

工程测量放线是施工项目产品由设计转化为实体的第一步。施工测量质量的好坏，直接决定工程的定位和标高是否正确，并且制约施工过程有关工序的质量。因此，施工单位必须对建设单位提供的原始坐标点、基准线和水准点等测量控制点进行复核，并将复核结果报监理工程师审核，经批准后施工单位才能建立施工测量控制网，进行工程定位和标高基准的控制。

2. 施工平面布置的控制

建设单位应按照合同约定并根据施工需要，及时提供施工用地和现场临时设施用地。施工单位应合理科学地规划使用施工场地，保证施工现场道路通畅、材料合理堆放、给水和供电设施正确布置。

4.2.3　材料的质量控制

施工项目采用的主要材料、半成品、构配件等均应由施工单位进行现场验收。凡涉及工程安全及使用功能的有关材料，应按各专业工程质量验收规范的规定进行复验，并应经监理工程师（建设单位技术负责人）检查认可。

施工单位应从以下几个方面控制材料的质量。

1. 采购订货关

施工单位应制定合理的材料采购供应计划，在广泛收集市场材料信息的基础上，优选材料的供应商，建立严格的合格供应商资格审查制度，确保采购订货的质量。

2．进场检验关

施工单位必须对下列材料进行抽样复验，合格后方能使用。

（1）水泥。同一生产厂、同一品种、同一等级、同一批号且连续进场的水泥，袋装的每200t、散装的每500t为一检验批，每批抽样不少于一次，检验水泥的强度、安定性、凝结时间等指标。

（2）砂、石。同一产地、同一规格品种的砂、石，以每400m^3或600t为一检验批，检验颗粒级配、有害杂质等指标。

（3）砂浆。同一品种、同一强度等级的砂浆，砌筑每一检验批且不超过250m^3砌体抽样一次，检验砂浆强度。

（4）钢筋。同一生产厂、同一等级、同一规格、同一炉罐号的热轧钢筋，每60t为一检验批，抽样进行拉伸试验和弯曲试验。

（5）混凝土。每拌制100盘且不超过100m^3的同配合比的混凝土取样不少于一次，当一次连续浇筑同配合比的混凝土超过1000m^3时，每200m^3取样不少于一次。每次取样至少留置一组标准养护试件。

同条件养护试件的留置组数，应根据实际需要确定。

3．存储和使用关

施工单位必须加强材料进场后的存储和使用管理，避免因材料变质或错用规格、种类不符合要求的材料而造成施工质量事故。

4.2.4 施工机械设备的质量控制

施工机械设备的质量控制，就是要使施工机械设备的类型、性能、参数等与施工现场的实际条件、施工工艺、技术要求等因素相匹配，符合项目施工的实际要求。**其质量控制主要从机械设备的选型、主要性能参数指标的确定和使用操作要求等方面进行。**

课题3　施工过程的质量控制

4.3.1 施工过程质量控制

1．技术交底

做好技术交底是保证施工质量的重要措施之一。应由施工项目技术人员编制技术交底书，经项目技术负责人批准，在施工前由项目技术负责人向承担施工的负责人或分包人进行书面技术交底。技术交底的内容主要包括：任务范围、施工方法、质量要求、施工中应注意的问题、出现意外时的措施和应急方案、文明施工和安全防护措施等。

2．测量控制

施工项目开工前应由测量专业技术人员编制测量控制方案，经项目技术负责人批准后实施。在施工过程中应对设置的测量控制点、线妥善保护，不准擅自移动。同时在施工过程中必须认真进行施工测量复核工作，其复测结果应报送监理工程师复验确认后，方能进行后续相关工序的施工。

3. 工序施工质量控制

施工过程是由一系列相互联系与制约的工序构成的,工序是人、材料、机械设备、施工方法和环境因素对工程质量综合起作用的过程,所以对施工过程的质量控制,必须以工序施工质量控制为基础和核心。**因此,工序施工质量控制是施工阶段质量控制的重点。** 只有严格控制工序施工质量,才能确保施工项目的实体质量。工序施工质量控制主要包括工序施工条件质量控制和工序施工效果质量控制。

(1)工序施工条件质量控制。工序施工条件是指从事工序活动的各生产要素质量及生产环境条件。工序施工条件质量控制就是控制工序活动的各种投入要素质量和环境条件质量。

(2)工序施工效果质量控制。工序施工效果主要反映工序产品的质量特征和特性指标。对工序施工效果质量的控制就是控制工序产品的质量特征和特性指标能否达到设计质量标准和施工质量验收标准的要求。

4. 特殊过程的质量控制

特殊过程是指保证质量的难度大、对质量的影响大、不易或不能通过其后的检验和试验而得到充分验证、或者一旦发生质量事故危害较大的施工过程。

对特殊过程都应开展质量预控,就是事先分析施工中可能发生的质量问题,分析其可能产生的原因,并提出相应的对策,采取有效的措施进行预先控制,以防在施工中发生质量问题。

特殊过程的质量控制,除一般过程质量控制的要求以外,还应由专业技术人员编制作业指导书,经项目技术负责人审批后执行。

4.3.2 成品保护质量控制

成品保护一般是指在项目施工过程中,某些工序已经完成,而其他工序或者后续工序的施工可能对其造成损伤或污染,需要对已完成部分采取妥善措施加以保护。**加强成品保护,首先是要加强教育,提高全体员工的成品保护意识;其次是要合理安排施工顺序,尽量减少工序之间的相互影响;最后应采取有效的保护措施。**

成品保护的措施一般有:

防护——针对被保护对象的特点采取提前保护措施,防止损坏。如,立柱刚完成装饰石材饰面,宜设置护栏防护,以免受碰撞而损坏。

包裹——将被保护对象包裹起来,以防损伤或被污染。如,装饰工程完成前,门窗框、饰面板、锁具等用保护膜包裹,以防污染。

覆盖——用表面覆盖的方法,防治堵塞或损伤。如,卫生间、外阳台地面施工时,宜用盖板盖住排水管道口,防止垃圾落入管道造成堵塞。

封闭——采用局部封闭的方法进行保护。如,新做的地面整体面层和块材面层、屋面的防水层应进行封闭,避免踩踏而损坏。

课题 4 质量验收的控制

施工项目质量验收包括施工质量的中间验收和工程的竣工验收两个方面。**建筑工程质量验收应划分为单位(子单位)工程验收、分部(子分部)工程验收、分项工程验收和检验批验收。** 其中检验批验收、分项工程验收、分部(子分部)工程验收属于中间验收,单位(子单位）工程验收属于竣工验收。

建筑工程施工质量验收应符合下列要求：

1）建筑工程施工质量应符合《建筑工程施工质量验收统一标准》和相关专业验收规范的规定。

2）建筑工程施工应符合工程勘察、设计文件的要求。

3）参加工程施工质量验收的各方人员应具备规定的资格。

4）工程质量的验收均应在施工单位自行检查评定的基础上进行。

5）隐蔽工程在隐蔽前应由施工单位通知有关单位进行验收，并应形成验收文件。

6）涉及结构安全的试块、试件以及有关材料，应按规定进行见证取样检测。

7）检验批的质量应按主控项目（指建筑工程中的对安全、卫生、环境保护和公众利益起决定性作用的检验项目）和一般项目（指除主控项目以外的检验项目）验收。

8）对涉及结构安全和使用功能的重要分部工程应进行抽样检测。

9）承担见证取样检测及有关结构安全检测的单位应具有相应资质。

10）工程的观感质量应由验收人员现场检查，并共同确认。

4.4.1 检验批的验收

（1）检验批可根据施工及质量控制和专业验收需要按楼层、施工段、变形缝等进行划分。

（2）检验批应由监理工程师（建设单位项目技术负责人）组织施工单位项目专业质量负责人进行验收。

（3）检验批合格质量应符合下列规定。

1）主控项目和一般项目的质量经抽样检验合格；

2）具有完整的施工操作依据、质量检查记录。

检验批是工程验收的最小单位，是分项工程乃至整个建筑工程质量验收的基础。检验批质量合格的条件包括两个方面：资料检查、主控项目检验和一般项目检验。

4.4.2 分项工程的验收

（1）分项工程应按主要工种、材料、施工工艺、设备类别等进行划分。

（2）分项工程应由监理工程师（建设单位项目技术负责人）组织施工单位项目专业技术负责人进行验收。

（3）分项工程质量验收合格应符合下列规定：

1）分项工程所含的检验批均应符合合格质量的规定；

2）分项工程所含的检验批的质量验收记录应完整。

分项工程的验收在检验批的基础上进行。一般情况下，两者具有相同或相近的性质，只是批量的大小不同而已。因此，分项工程质量合格的条件比较简单，只要构成分项工程的各检验批的验收资料文件完整，并且均已验收合格，则分项工程验收合格。

4.4.3 分部（子分部）工程的验收

（1）分部（子分部）工程的划分应按下列原则确定：

1）分部工程的划分应按专业性质、建筑部位确定；

2）当分部工程较大或较复杂时，可按材料种类、施工特点、施工程序、专业系统及类别等划分为若干子分部工程。

（2）分部（子分部）工程应由总监理工程师（建设单位项目负责人）组织施工单位项目负责人和技术、质量负责人等进行验收；由于地基基础、主体结构技术性能要求严格，技术性强，关系到整个工程的安全，因此，地基与基础、主体结构分部工程的有关勘察、设计单位工程项目负责人和施工单位技术、质量部门负责人也应参加相关分部工程验收。

（3）分部（子分部）工程质量验收合格应符合下列规定：

1）分部（子分部）工程所含分项工程的质量均应验收合格；

2）质量控制资料应完整；

3）地基与基础、主体结构和设备安装等分部工程，有关安全及功能的检验和抽样检测结果应符合有关规定；

4）观感质量验收应符合要求。

4.4.4 单位（子单位）工程的验收

（1）单位（子单位）工程的划分应按下列原则确定：

1）具备独立施工条件并能形成独立使用功能的建筑物及构筑物为一个单位工程；

2）建筑规模较大的单位工程，其能形成独立使用功能的部分为一个子单位工程；

3）室外工程根据专业类别和工程规模划分为室外建筑环境和室外安装两个单位工程。

（2）单位（子单位）工程验收，应由建设单位（项目）负责人组织施工（含分包单位）、设计、监理等单位（项目）负责人进行。

建设工程竣工验收应当符合下列条件：

1）完成工程设计和合同约定的各项内容，达到竣工标准；

2）施工单位在工程完工后，对工程质量进行全面检查，确认工程质量符合法律、法规和工程建设强制性标准规定，符合设计文件及合同要求，并提交工程竣工报告；

3）勘察、设计单位对勘察、设计文件及施工过程中有设计单位参加签署的更改原设计的资料进行检查，确认勘察、设计符合国家规范、标准要求，施工单位的工程质量达到设计要求，并提交工程质量检查报告；

4）对于委托监理的工程项目，监理单位在施工单位自评合格，勘察、设计单位认可的基础上，对竣工工程质量进行检查并核定合格质量等级，提交工程质量评估报告；

5）有完整的工程项目建设全过程竣工档案资料；

6）建设单位已按合同约定支付工程款，有工程款支付证明；

7）施工单位和建设单位签署了工程质量保修书；

8）规划行政主管部门对工程是否符合规划设计要求进行检查，并出具认可文件；

9）有公安消防、环保等部门出具的认可文件或者准许使用文件；

10）建设行政主管部门及其委托的建设工程质量监督机构等有关部门要求整改的质量问题全部整改完毕。

（3）单位（子单位）工程质量验收合格应符合下列规定：

1）单位（子单位）工程所含分部（子分部）工程的质量均应验收合格；

2）质量控制资料应完整；

3）单位（子单位）工程所含分部工程有关安全和功能的检测资料应完整；
4）主要功能项目的抽查结果应符合相关专业质量验收规范的规定；
5）观感质量验收应符合要求。

4.4.5 质量验收不符合要求的处理规定

一般情况下，不合格现象在检验批验收时就应发现并及时处理，所有质量隐患必须尽快消灭在萌芽状态，否则将影响后续检验批和相关的分项工程、分部工程的验收。这也是强化验收、促进过程控制原则的体现。

当建筑工程质量不符合要求时，应按下列规定进行处理：

（1）**经返工重做或更换器具、设备的检验批，应重新进行验收。**

这种情况，是指在检验批验收时，其主控项目不能满足验收规范或一般项目超过偏差限值的子项不符合检验规定的要求时，应及时进行处理的检验批。其中，存在严重缺陷的应推倒重来；存在一般缺陷的通过翻修或更换器具、设备予以解决，应允许施工单位在采取相应的措施后重新验收。如能够符合相应的专业工程质量验收规范，则应认为该检验批合格。

（2）**经有资质的检测单位检测鉴定能够达到设计要求的检验批，应予以验收。**

这种情况，是指个别检验批发现试块强度等不满足要求等问题，难以确定是否验收时，应请具有资质的法定检测单位检测。当鉴定结果能够达到设计要求时，该检验批仍应认为通过验收。

（3）**经有资质的检测单位检测鉴定达不到设计要求、但经原设计单位核算认可能够满足结构安全和使用功能的检验批，可予以验收。**

这种情况是指，一般情况下，规范标准给出了满足安全和功能的最低限度要求，而设计往往在此基础上留有一些余量。不满足设计要求和符合相应规范标准的要求，两者并不矛盾。

（4）**经返修或加固处理的分项、分部工程，虽然改变外形尺寸但仍能满足安全使用要求，可按技术处理方案和协商文件进行验收。**

这种情况是指，更为严重的缺陷或者超过检验批的更大范围内的缺陷，可能影响结构的安全性和使用功能。若经法定检测单位检测鉴定以后认为达不到规范标准的相应要求，即不能满足最低限度的安全储备和使用功能，则必须按一定的技术方案进行加固处理，使之能保证满足安全使用的基本要求。这样会造成一些永久性的缺陷，如改变结构外形尺寸，影响一些次要的使用功能等。为了避免社会财富更大的损失，在不影响安全和主要使用功能条件下可按处理技术方案和协商文件进行验收，责任方应承担经济责任，但不能作为轻视质量而回避责任的一种出路，这是应该特别注意的。

（5）**通过返修或加固处理仍不能满足安全使用要求的分部工程、单位（子单位）工程，严禁验收。**

课题 5　施工质量事故的处理

4.5.1 质量事故的特点

凡是工程质量不合格、存在质量缺陷的工程，必须进行返修、加固或报废处理，造成直接经济损失在 5000 元（含 5000 元）以上的称为质量事故。

质量事故具有复杂性、严重性、可变性和多发性的特点。

4.5.2 质量事故的处理依据

施工质量事故产生的原因是多方面的，有技术上的失误，也有违反建设程序或法律法规造成的问题，有些是设计、施工的原因，也有些是由于管理方面或材料方面的原因。引发事故的原因不同，事故责任的界定与承担也不同，事故的处理措施则也不同。总之，对于发生的质量事故，无论是原因分析、责任界定，还是作出处理决定，都需要以切实可靠的客观依据为基础。

施工质量事故处理的依据主要有四个方面：

1. 质量事故的实况资料

质量事故的实况资料包括质量事故发生的时间、地点；质量事故状况的描述；质量事故发展变化的情况；有关质量事故的观测记录、事故现场状态的照片或录像；事故调查组调查研究所获得的第一手资料。

2. 有关合同文件

有关合同文件包括工程承包合同、设计委托合同、设备与材料购销合同、监理合同、分包合同等。

3. 有关技术文件

有关技术文件包括有关的设计文件（如施工图纸和技术说明）、与施工有关的技术文件、档案和资料（如施工方案、施工记录、有关建筑材料的质量证明资料等）。

4. 相关的建设法规

相关的建设法规包括《中华人民共和国建筑法》及与工程质量及质量事故处理有关的法规，以及勘察、设计、施工、监理等单位资质管理方面的法规，从业者资格管理方面的法规，建筑市场方面的法规等。

4.5.3 质量事故的处理

1. 事故报告

（1）事故报告应当及时、准确、完整，任何单位和个人对事故不得迟报、漏报、谎报或者瞒报。

（2）事故发生后，事故现场有关人员应当立即向本单位负责人报告；单位负责人接到报告后，应当于 1h 内向事故发生地县级以上建设行政主管部门报告。

（3）情况紧急时，事故现场有关人员可以直接向事故发生地县级以上建设行政主管部门报告。

（4）报告事故应当包括下列内容：

1) 事故发生单位概况；
2) 事故发生的时间、地点以及事故现场情况；
3) 事故的简要经过；
4) 事故已经造成或者可能造成的伤亡人数和初步估计的直接经济损失；
5) 已经采取的措施；

6）其他应当报告的情况。

事故报告后出现新情况的，应当及时补报。

自事故发生之日起 30d 内，事故造成的伤亡人数发生变化的，应当及时补报。

2．事故调查和处理

（1）事故调查和处理应当坚持实事求是、尊重科学的方针，及时、准确地查清事故经过、事故原因、事故损失，查明事故性质，认定事故责任，总结事故教训，提出整改措施，并对事故责任者依法追究责任。

（2）事故的调查和处理应坚持"四不放过"原则：

1）事故原因没有查清不放过；

2）事故责任者没有受到处理不放过；

3）广大职工没有受到教育不放过；

4）防范措施没有落实不放过。

单 元 小 结

本单元主要讲述施工项目质量特点和质量控制的特点；施工准备阶段的技术、现场施工、材料和施工机械的质量控制；施工过程的质量控制和成品保护质量控制；检验批、分项工程、分部（子分部）工程和单位（子单位）工程的验收以及施工质量事故的特点和质量事故的处理。

复习思考题

1．施工项目质量的特点有哪些？
2．施工项目质量控制的实施主体有哪些？
3．施工项目质量控制按质量形成过程分哪几个阶段？
4．施工项目质量控制有哪些特点？
5．施工项目质量的影响因素有哪些？
6．应从哪些方面来加强成品保护？
7．施工前项目技术负责人进行技术交底的内容主要有哪些？
8．建筑工程施工质量验收应符合哪些要求？
9．检验批质量验收合格应符合哪些规定？
10．分项工程质量验收合格应符合哪些规定？
11．分部（子分部）工程质量验收合格应符合哪些规定？
12．单位（子单位）工程的划分应按哪些原则确定？
13．建设工程竣工验收应当符合哪些条件？
14．单位（子单位）工程质量验收合格应符合哪些规定？
15．当建筑工程质量不符合要求时，应如何进行处理？
16．施工质量事故处理的依据主要包括哪几个方面？
17．事故的调查和处理应坚持哪"四不放过"原则？

案例分析题

1. 某写字楼工程，由于建设单位急于搬进写字楼办公室，要求提前竣工验收，总监理工程师组织建设单位技术人员、施工单位项目经理及设计单位负责人进行了竣工验收。如此竣工验收是否妥当？说明理由。

2. 某二十层综合办公楼工程，用于基础底板的热轧钢筋进场时，钢材供应商提供了产品合格证和出厂检验报告。施工单位只进行了钢筋规格、外观质量等现场检查后，即准备用于工程。施工单位对进场的钢筋是否需进行抽样复验？说明理由。

3. 某小区内拟建一座六层普通砖混结构住宅楼，由于工期紧，装修从顶层向下施工，给排水明装主管（无套管）从首层向上安装，五层卫生间防水施工结束后进行排水主管安装。五层卫生间防水存在什么隐患？说明理由。

4. 某十五层综合楼工程，采用泥浆护壁钻孔灌注桩基础。在对桩基础进行质量检查时发现下列问题：

（1）有 4 根桩的混凝土试块强度不合格，经有资质的检测单位对桩体钻芯取样检测，桩体混凝土实际强度均符合设计要求；

（2）另有 1 根桩的混凝土试块强度和桩体钻芯取样检测强度均不合格，但经静载荷试验，设计单位认可桩身承载力能够满足结构安全和功能要求。

对上述问题应如何处理？

5. 某市中心区新建一座商业中心，地下二层，地上十六层。主体结构施工阶段，为赶在雨季来临之前完成基坑回填土，施工单位在悬挑平台标准养护混凝土试块抗压强度达到设计强度的 80% 时，拆除了平台下模板支撑。主体结构施工完毕后，发现二层悬挑平台根部出现通长裂缝，施工单位为赶进度而未采取措施。某日雨后，该平台突然坍塌，造成现场 2 人死亡、2 人重伤。

施工单位在事故发生后该如何处理？

单元 5　施工项目合同管理

【单元概述】

本单元主要讲述施工项目合同的概念、内容和施工承包合同示范文本主要条款。介绍施工项目合同的履行内容，包括合同的分析、合同的交底和合同的控制。叙述施工项目合同索赔的产生原因、索赔的分类、索赔成立的条件、索赔依据、索赔证据和索赔的方法。

【学习目标】

通过本单元的学习，学生应了解施工项目合同的主要内容，熟悉施工承包合同示范文本主要条款；理解施工合同的履行方法和施工合同的管理；熟悉施工项目合同索赔产生的主要原因，索赔成立的条件，如何利用索赔依据和证据进行工程索赔；了解国际建设工程施工项目合同文本种类。

课题 1　施工项目合同概述

5.1.1　合同的基本概念

合同是平等主体的自由人、法人、其他组织之间设立、变更、终止民事权利义务关系的协议。《中华人民共和国合同法》规范的都是债权合同。它是市场经济条件下规范财产流转关系的基本依据。所以，合同是市场经济中广泛进行的法律行为。

合同作为一种协议，其本质是一种合意，必须是两个以上意思表示一致的民事法律行为。因此，合同的缔结必须由双方当事人协商一致才能成立。同时，合同当事人作出的意思表示必须合法，这样才能具有法律约束力。

合同中所确定的权利义务，必须是当事人依法可以享有的权利和能够承担的义务，这是合同具有法律效力的前提。

5.1.2　建设工程施工合同的内容

1. 建设工程施工合同的特点

1）合同法律关系的多元化；
2）合同主体的严格性；
3）合同标的的特殊性；
4）合同履行期的长期性；
5）计划与程序的严格性。

2. 施工承包合同的内容

建设工程施工合同分为施工总承包合同和施工分包合同。施工总承包合同的发包人是建设工程的建设单位或取得建设项目总承包资格的项目总承包单位，在合同中一般称为业主或发包人。施工总承包合同的承包人是承包单位，在合同中一般称为承包人。

施工分包合同又分为专业工程分包合同和劳务作业分包合同。分包合同的发包人一般是取得施工总承包合同的承包单位，在分包合同中一般仍沿用施工总承包合同中的名称，即仍称为承包人。而分包合同的承包人一般是专业化的专业工程施工单位或劳务作业单位，在分包合同中一般称为分包人或劳务分包人。

（1）施工承包合同示范文本。为了规范和指导合同当事人双方的行为，国际工程界许多著名组织（如英国皇家建筑师学会（JCT）、国际咨询工程师联合会（FIDIC）、美国建筑师学会（AIA）、美国总承包商会（AGC）、英国土木工程师学会（ICE）、世界银行、英国土木工程师学会（JCT）等）都编制了指导性的合同示范文本，规定了合同双方的一般权利和义务，对引导和规范建设行为起到非常重要的作用。

原中华人民共和国建设部和国家工商行政管理总局于1999年12月24日颁发了修改的《建设工程施工合同（示范文本）》（GF—1999—0201）。该文本适用于各类公用建筑、民用住宅、工业厂房、交通设施及线路、管道的施工和设备安装等工程。

（2）施工承包合同文件。

1）各种施工合同示范文本一般都由以下三部分组成：

① 协议书；

② 通用条款；

③ 专用条款。

2）构成施工合同文件的组成部分按优先顺序是：

① 协议书（包括补充协议）；

② 中标通知书；

③ 投标书及其附件；

④ 专用合同条款；

⑤ 通用合同条款；

⑥ 有关的标准、规范及技术文件；

⑦ 图纸；

⑧ 工程量清单；

⑨ 工程报价单或预算书等。

3）施工承包合同中发包方的责任与义务。

发包人的责任与义务主要有：

① 提供具备施工条件的施工现场和施工用地；

② 提供其他施工条件，包括将施工所需水、电、通信线路从施工场地外部接至专用条款约定地点，并保证施工期间的需要，开通施工场地与城乡公共道路的通道，以及专用条款约定的施工场地内的主要道路，满足施工运输的需要，保证施工期间的畅通；

③ 提供有关水文地质勘探资料和地下管线资料，提供现场测量基准点、基准线和水准点及有关资料，以书面形式交给承包人，并进行现场交验，提供图纸等其他与合同工程有关的资料；

④ 办理施工许可证及其他施工所需证件、批件和临时用地、停水、停电、中断道路交通、爆破作业等的申请批准手续；

⑤ 协调处理施工场地周围地下管线和邻近建筑物、构筑物（包括文物保护建筑）、古树

名木的保护工作、承担有关费用；

⑥ 组织承包人和设计单位进行图纸会审和设计交底；

⑦ 按合同规定支付合同价款；

⑧ 按合同规定及时向承包人提供所需指令、批准等；

⑨ 按合同规定主持和组织工程的验收。

4）施工承包合同中承包方的责任与义务。

承包人的责任与义务主要有：

① 根据发包人委托，在其设计资质等级和业务允许的范围内，完成施工图设计或与工程配套的设计，经工程师确认后使用，发包人承担由此发生的费用；

② 按合同要求的质量完成施工任务；

③ 按合同要求的工期完成并交付工程；

④ 按专用条款约定的数量和要求，向发包人提供施工场地办公和生活的房屋及设施，发包人承担由此发生的费用；

⑤ 遵守政府有关主管部门对施工场地交通、施工噪声以及环境保护和安全生产等的管理规定，按规定办理有关手续，并以书面形式通知发包人，发包人承担由此发生的费用，因承包人责任造成的罚款除外；

⑥ 负责保修期内的工程维修；

⑦ 接受发包人、工程师或其代表的指令；

⑧ 负责工地安全，看管进场材料、设备和未交工工程；

⑨ 负责对分包的管理，并对分包方的行为负责；

⑩ 按专用条款约定做好施工场地地下管线和邻近建筑物、构筑物（包括文物保护建筑）、古树名木的保护工作；

⑪ 安全施工，保证施工人员的安全和健康；

⑫ 保持现场整洁；

⑬ 按时参加各种检查和验收。

5）进度控制的主要条款内容。

① 合同工期的约定。工期是指发包人和承包人在协议书中约定，按照总日历天数（包括法定节假日）计算的承包天数。

承发包双方必须在协议书中明确约定工期，包括开工日期和竣工日期。工程竣工验收通过，实际竣工日期为承包人送交竣工验收报告的日期；工程按发包人要求修改后通过验收的，实际竣工日期为承包人修改后提请发包人验收的日期。

② 进度计划。承包人应按合同专用条款约定的日期，将施工组织设计和工程进度计划提交工程师，工程师按专用条款约定的时间予以确认或提出修改意见。

工程师对进度计划予以确认或者提出修改意见，并不免除承包人对施工组织设计和工程进度计划本身的缺陷应承担的责任。

③ 工程师对进度计划的检查和监督。开工后，承包人必须按照工程师确认的进度计划组织施工，接受工程师对进度的检查和监督。检查和监督的依据一般是双方已经确认的月度进度计划。

工程实际进度与经过确认的进度计划不符合时，承包人应按照工程师的要求提出改进措施，经过工程师确认后执行。但是，对于因承包人自身的原因导致实际进度与计划进度不符时，所有的后果都应由承包人自行承担，承包人无权就改进措施追加合同价款，工程师也不对改进措施的效果负责。

④ 暂停施工。

◆ 工程师要求的暂停施工。工程师认为确有必要暂停施工时，应当以书面形式要求承包人暂停施工，并在提出要求后48h内提出书面处理意见。承包人应当按照工程师的要求停止施工，并妥善保护已完工程。

因发包人原因造成停工的，由发包人承担所发生的追加合同价款，赔偿承包人由此造成的损失，相应顺延工期；因承包人原因造成停工的，由承包人承担发生的费用，工期不予顺延。因工程师不及时作出答复，导致承包人无法复工，由发包人承担违约责任。

◆ 因发包人违约导致承包人主动暂停施工。当发包人出现某些违约情况时，承包人可以暂停施工，这时发包人应当承担相应的违约责任。

◆ 意外事件导致的暂停施工。在施工过程中出现一些意外情况，需要承包人暂停施工的，承包人应该暂停施工，此时工期是否给予顺延，应视风险责任应由谁承担而确定。

⑤ 竣工验收。

◆ 承包人提交竣工验收报告。当工程按合同要求全部完成后，具备竣工验收条件，承包人按国家工程竣工验收的有关规定，向发包人提供完整的竣工资料和竣工验收报告。

◆ 发包人组织验收。发包人收到竣工验收报告后28天内组织验收，并在验收后14天内给予认可或提出修改意见，承包人应当按要求进行修改，并承担因自身原因造成修改的费用，中间交工工程的范围和竣工时间，由双方在专用条款内约定。

发包人收到承包人送交的竣工验收报告后28天内不组织验收，或者在组织验收后14天内不提出修改意见，则视为竣工验收报告已经被认可。发包人在收到承包人竣工验收报告后28天内不组织验收，从第29天起承担工程保管及一切意外责任。

6）**质量控制的主要条款内容**。在施工过程中，承包人要随时接受工程师对材料、设备、中间部位、隐蔽工程和竣工工程等质量的检查、验收与监督。

① 工程质量标准。工程质量应当达到协议书约定的质量标准，质量保证的评定以国家或行业的质量检验评定标准为依据。

双方对工程质量有争议，由双方同意的工程质量检测机构鉴定，所需要的费用以及因此造成的损失，由责任方承担。

② 检查和返工。承包人应认真按照标准、规范和设计图纸以及工程师依据合同发出的指令施工，随时接受工程师的检查检验，为检查检验提供便利条件。

工程师的检查检验不应影响施工的正常进行。如影响施工正常进行，检查检验不合格时，影响正常施工的费用由承包人承担。除此之外，影响正常施工的追加合同价款由发包人承担，相应顺延工期。

③ 隐蔽工程和中间验收。工程具备隐蔽条件或达到专用条款约定的中间验收部位，承包人进行自检，并在隐蔽或中间验收前48h以书面形式通知工程师验收。承包人准备验收记录，验收合格，工程师在验收记录上签字后，承包人方可进行隐蔽和继续施工。验收不合格，承包人在工程师限定的时间内修改后重新验收。

④ 重新检验。无论工程师是否进行验收，当其提出对已经隐蔽的工程重新检验的要求时，承包人应按要求进行剥离或开孔，并在检验后重新覆盖或修复。检验合格，发包人承担由此

发生的全部追加合同价款，赔偿承包人损失，并相应顺延工期。检验不合格，承包人承担发生的全部费用，工期不予顺延。

⑤ 竣工验收。工程未经竣工验收或竣工验收未通过的，发包人不得使用。发包人强行使用时，由此发生的质量问题及其他问题，由发包人承担责任。

⑥ 质量保修。承包人应按照法律、行政法规或国家关于工程质量保修的有关规定，以及合同中有关质量保修的要求，对交付发包人使用的工程在质量保修期内承担质量保修责任。承包人应在工程竣工验收之前，与发包人签订质量保修书，作为合同附件，主要内容包括工程质量保修范围和内容、质量保修期、质量保修责任和质量保险金的支付方法等。

⑦ 材料设备供应。发包人按合同约定提供材料设备，并向承包人提供产品合格证明，对其质量负责。发包人在所供材料设备到货前 24h 以书面形式通知承包人，由承包人派人与发包人共同清点。

发包人供应的材料设备，承包人派人参加清点后承包人妥善保管，发包人支付相应的保管费用。因承包人原因发生丢失损失的，由承包人负责赔偿。

发包人供应的材料设备在使用前，承包人应按照工程师的要求进行检验或试验，不合格的不得使用，检验或试验费用由承包人承担。

根据工程需要，承包人需要使用代用材料时应经工程师认可后才能使用。

7）费用控制的主要条款内容。

① 施工合同价款。施工合同价款的约定可以采用固定总价、可调总价、固定单价、可调单价以及成本加酬金合同等方式。

② 工程预付款。实行工程预付款的，双方应当在专用条款中约定发包人向承包人预付工程款的时间和数额，开工后按约定的时间和比例逐次扣回。

③ 工程进度款。工程量的确认，包括对承包人已完工程量进行计量、核实与确认，是发包人支付工程款的前提。工程款（进度款）结算可以采用按月结算、按形象进度分段结算或者竣工后一次性结算等方式。

④ 变更价款的确定。承包人在工程变更确定后 14 天内提出变更工程价款的报告，经工程师确定后调整合同价款。

⑤ 竣工结算。工程竣工验收报告经发包人认可后 28 天内，承包人向发包人递交竣工结算报告及完整的结算资料，双方按照协议书约定的合同价款及专用条款约定的合同价款调整内容进行竣工结算。发包人收到承包人递交的竣工结算报告及结算资料后 28 天内进行核实，给予确认或者提出意见。发包人确认竣工结算报告后向承包人支付工程竣工结算价款。

⑥ 质量保修金。保修期满，承包人履行了保修义务，发包人应在质量保修期满后 14 天内结算，将剩余保修金和按工程质量保修书约定银行利率计算的利息一起返还承包人。

课题 2　施工项目合同履行

5.2.1　施工项目合同分析

1. 合同分析的目的

由于以下诸多因素的存在，承包人在签订合同后、履行和实施合同前有必要进行合同分析。

（1）许多合同条文采用法律用语，往往不够直观明了，不容易理解，通过补充和解释，可以使之简单、明确、清晰。

（2）同一个过程中的不同合同形成一个复杂的体系，十几份、几十份甚至上百份合同之间有十分复杂的关系。

（3）合同事件和工程活动的具体要求（如工期、质量、费用等），合同各方的责任关系，事件和活动之间的逻辑关系等极为复杂。

（4）对于许多工程小组，项目管理职能人员所涉及的活动和问题不是合同文件的全部，而仅为合同的部分内容，不能全面理解合同对合同的实施将会产生重大影响。

（5）在合同中依然存在问题和风险，包括合同审查时已经发现的风险和还可能隐藏着的尚未发现的风险。

（6）合同中的任务需要分解和落实。

（7）在合同实施过程中，合同双方会有许多争执，在分析时就可以预测预防。

2．合同分析的作用

合同分析的作用体现在以下几个方面。

（1）分析合同中的漏洞，解释有争议的内容。在合同起草和谈判过程中，双方都会力争完善，但难免会有所疏漏，通过合同分析，找出漏洞，可以作为履行合同的依据。

在合同执行过程中，合同双方有时也会发生争议，往往是由于对合同条款的理解不一致所造成的，通过分析，就合同条文达成一致理解，从而解决争议。在遇到索赔事件时，合同分析也可以为索赔提供理由和根据。

（2）分析合同风险，制定风险对策。不同的工程合同，其风险的来源和风险量的大小都不同，要根据合同进行分析，并采取相应的对策。

（3）合同任务分解、落实。在实际过程中，要将合同中的任务进行分解，将合同中与各部分任务相对应的具体要求明确，然后落实到具体的工程小组或部门、人员身上，以便于实施与检查。

3．合同分析的内容

合同分析，在不同的时期，为了不同的目的，有不同的内容，通常有以下几个方面。

（1）合同的法律基础。合同的法律基础即合同签订和实施的法律背景。通过分析，承包人了解适用于合同的法律的基本情况（范围、特点等），用以指导整个合同实施和索赔工作。对合同中明示的法律应重点分析。

（2）承包人的主要任务。

1）承包人的总任务，即合同标的。承包人在设计、采购、制作、试验、运输、土建施工、安装、验收、试生产、缺陷责任期维修等方面承担主要责任，负责施工现场的管理，并负有给业主的管理人员提供生活和工作条件等责任。

2）工作范围。它通常由合同中的工程量清单、图纸、工程说明、技术规范所定义。工程范围的界限应很清楚，否则会影响工程变更和索赔，特别对于固定总价合同。

在合同实施中，如果工程师指令的工程变更属于合同规定的工程范围，则承包人必须无条件执行；如果工程变更超过承包人应承担的风险范围，则可向业主提出工程变更的补偿要求。

3）关于工程变更的规定。在合同实施过程中，变更程序非常重要，通常要作工程变更工作流程图，并交付相关的职能人员。

工程变更的补偿范围，通常以合同金额一定的百分比表示。通常这个百分比越大，承包人的风险越大。

工程变更的索赔有效期，由合同具体规定，一般为 28 天，也有 14 天的。一般这个时间越短，对承包人管理水平的要求越高，对承包人越不利。

（3）发包人的责任。这里主要分析发包人（业主）的合作责任。其责任通常有如下几方面。

1）业主雇用工程师并委托其在授权范围内履行业主的部分合同责任。

2）业主和工程师有责任对平行的各承包人和供应商之间的责任界限作出划分，对这方面的争议作出裁决，对他们的工作进行协调，并承担管理和协调失误造成的损失。

3）及时作出承包人履行合同所必需的决策，如下达指令、履行各种批准手续、作出认可、答复请示，完成各种检查和验收手续等。

4）提供施工条件，如及时提供设计资料、图纸、施工场地、道路等。

5）按合同规定及时支付工程款，及时接收已完工程等。

（4）合同价格。对合同的价格，应重点分析以下几个方面。

1）合同所采用的计价方法及合同价格所包括的范围。

2）工程量计量程序、工程款结算（包括进度付款、竣工结算、最终结算）方法和程序。

3）合同价格的调整，即费用索赔的条件、价格调整方法，计价依据，索赔有效期规定。

4）拖欠工程款的合同责任。

（5）施工工期。在实际工程中，工期拖延极为常见和频繁，且对合同实施和索赔的影响很大，所以要特别重视。

（6）违约责任。如果合同一方未遵守合同规定，造成对方损失，应受到相应的合同处罚。通常分为：

1）承包人不能按合同规定工期完成工程的违约金或承担业主损失的条款。

2）由于管理上的疏忽造成对方人员和财产损失的赔偿条款。

3）由于预谋或故意行为造成对方损失的处罚和赔偿条款等。

4）由于承包人不履行或不能正确地履行合同责任，或出现严重违约时的处理规定。

5）由于业主不履行或不能正确地履行合同责任，或出现严重违约时的处理规定，特别是对业主不及时支付工程款的处理规定。

（7）验收、移交和保修。验收包括许多内容，如材料和机械设备的现场验收，隐蔽工程验收，单项工程验收，全部工程竣工验收等。

在合同分析中，应对重要的验收要求、时间、程序以及验收所带来法律后果作说明。

竣工验收合格即办理移交。移交作为一个重要的合同事件，同时又是一个重要的法律概念。它表示：

1）业主认可并接收工程，承包人工程施工任务的完结。

2）工程所有权的转让。

3）承包人工程照管责任的结束和业主工程照管责任的开始。

4）保修责任的开始。

5）合同规定的工程款支付条款有效。

(8) 索赔程序和争执的解决。它决定着索赔的解决方法。这里要分析：
1) 索赔的程序。
2) 争议的解决方式和程序。
3) 仲裁条款，包括仲裁所依据的法律、仲裁地点、方式和程序，仲裁结果的约束力等。

5.2.2 施工项目合同交底

合同和合同分析的资料是工程实施管理的依据。合同分析后，应向各层次管理者作"合同交底"，即由合同管理人员在对合同的主要内容进行分析、解释和说明的基础上，通过组织项目管理人员和各个工程小组学习合同条文和合同总体分析结果，使大家熟悉合同中的主要内容、规定、管理程序，了解合同双方的合同责任和工作范围，各种行为的法律后果等，使大家都树立全局观念，使各项工作协调一致，避免执行中的违约行为。

在传统的施工项目管理系统中，人们十分重视图纸交底工作，却不重视合同分析和合同交底工作，导致各个项目组和各个工程小组对项目的合同体系、合同基本内容不甚了解，影响了合同的履行。

项目经理或合同管理人员应将各种任务或事件的责任分解，落实到具体的工作小组、人员或分包单位。合同交底的目的和任务如下：
1) 对合同的主要内容达成一致理解。
2) 将各种合同事件的责任分解落实到工程小组或分包人。
3) 将工程项目和任务分解，明确其质量和技术要求以及实施的注意要点等。
4) 明确各项工作或各个工程的工期要求。
5) 明确承包目标和消耗标准。
6) 明确相关事件之间的逻辑关系。
7) 明确各个工程小组（分包人）之间的责任界限。
8) 明确完不成任务的影响和法律后果。
9) 明确合同有关各方（如业主、监理工程师）的责任和义务。

5.2.3 施工项目合同控制

在工程实施的过程中要对合同的履行情况进行跟踪与控制，并加强工程变更管理，保证合同的顺利履行。

1. 施工合同跟踪

合同签订以后，承包单位作为履行合同义务的主体，必须对合同执行者（施工项目经理部或项目参与人）的履行情况进行跟踪、监督和控制，确保合同义务的完全履行。施工合同跟踪有两个方面的含义：一是承包单位的合同管理职能部门对合同执行者（施工项目经理部或项目参与人）的履行情况进行跟踪、监督和检查；二是合同执行者（施工项目经理部或项目参与人）本身对合同计划的执行情况进行的跟踪、检查与对比。在合同实施过程中二者缺一不可。

对合同执行者而言，应该掌握合同跟踪的以下方面。

（1）合同跟踪的依据。合同跟踪的重要依据是合同以及依据合同而编制的各种计划文件；其次还要依据各种实际工程文件如原始记录、报表、验收报告等；最后，还要依据管理人员对现场情况的直观了解,如现场巡视、交谈、会议、质量检查等。

(2) 合同跟踪的对象。

1) 承包单位的任务。

① 工程施工的质量,包括材料、构件、制品和设备等的质量,以及施工或安装质量,是否符合合同要求;

② 工程进度,是否在预定期限内施工,工期有无延长,延长的原因是什么;

③ 工程数量,是否按合同要求完成全部施工任务,有无合同规定以外的施工任务;

④ 成本的增加和减少。

2) 工程小组或分包人的工程和工作。工程承包人必须对工程小组或分包人及其所负责的工程进行跟踪检查、协调关系,提出意见、建议或警告,保证工程总体质量和进度。

对专业分包人的工作和负责的工程,总承包商负有协调和管理的责任,并承担由此造成的损失,所以专业分包人的工作和负责的工程必须纳入总承包工程的计划和控制中,防止因分包人工程管理失误而影响全局。

3) 业主和其委托的工程师的工作。

① 业主是否及时、完整地提供了工程施工的实施条件,如场地、图纸、资料等;

② 业主和工程师是否及时给予了指令、答复和确认等;

③ 业主是否及时并足额地支付了应付的工程款项。

2. 工程变更管理

工程变更一般是指在工程施工过程中,根据合同约定对施工的程序、工程的内容、数量、质量要求及标准等作出的变更。

(1) **工程变更的原因**。

1) 业主新的变更指令,对建筑的新要求,如业主有新的意图、修改项目计划、削减项目预算等。

2) 由于设计人员、监理方人员、承包商事先没有很好地理解业主的意图,或设计出现错误导致图纸修改。

3) 工程环境的变化,预定的工程条件不准确,要求实施方案或实施计划变更。

4) 由于产生新技术和知识,有必要改变原设计、原实施方案或实施计划,或由于业主指令及业主责任的原因造成承包商施工方案的改变。

5) 政府部门对工程有新的要求,如国家计划变化、环境保护要求、城市规划变动等。

6) 由于合同实施出现问题,必须调整合同目标或修改合同条款。

(2) **工程变更的内容**。根据 FIDIC 施工合同条件,工程变更的内容可能包括以下几个方面:

1) 改变合同中所包括的任何工作的数量。

2) 改变任何工作的质量和性质。

3) 改变工程任何部分的标高、基线、位置和尺寸。

4) 删减任何工作,要交他人实施的工作除外。

5) 任何永久工程需要的任何附加工作、工程设备、材料或服务。

6) 改动工程的施工顺序或时间安排。

根据我国施工合同示范文本规定,工程变更包括设计变更和工程质量标准等其他实质性

内容的变更,其中设计变更包括:

1) 更改工程有关部分的标高、基线、位置和尺寸。
2) 增减合同中约定的工程量。
3) 改变有关工程的施工时间和顺序。
4) 其他有关工程变更需要的附加工作。

(3) **工程变更的程序**。根据统计,工程变更是索赔的主要起因。由于工程变更对工程施工过程影响很大,会造成工期的拖延和费用的增加,容易引起双方的争执,所以要十分重视工程变更管理问题。

工程变更一般按照如下程序进行。

1) 提出工程变更。根据工程实施的实际情况,以下单位都可以根据需要提出工程变更:
① 承包商。
② 业主方。
③ 设计方。

2) 工程变更的批准。承包商提出的工程变更,应该交予工程师审查并批准;由设计方提出的工程变更应该与业主协商或经业主审查并批准;由业主方提出的工程变更,涉及设计修改的应该与设计单位协商,并一般通过工程师发出。工程师发出工程变更的权利,一般会在施工合同中明确约定,通常在发出变更通知前应征得业主批准。

3) 工程变更指令的发出及执行。为了避免延误工程,工程师和承包人就变更价格和工期补偿达成一致意见之前有必要先行发布变更指示,先执行工程变更工作,然后再就变更价格和工期补偿进行协商和确定。

工程变更指示的发出有两种形式:书面形式和口头形式。一般情况下要求用书面形式发布变更指示,如果由于情况紧急来不及发出书面指示,承包人应该根据合同规定要求工程师书面认可。

根据工程惯例,除非工程师明显超越合同权限,承包人应该无条件地执行工程变更的指示。即使工程变更价款没有确定,或者承包人对工程师答应给予付款的金额不满意,承包人也必须一边进行变更工作,一边根据合同寻求解决办法。

(4) **工程变更的责任分析与补偿要求**。根据工程变更的具体情况可以分析确定工程变更的责任和费用补偿。

1) 由于业主要求、政府部门要求、环境变化、不可抗力、原设计错误等导致的设计修改,应该由业主承担责任。由此所造成的施工方案的变更以及工期的延长和费用的增加应该向业主索赔。

2) 由于承包人的施工过程、施工方案出现错误、疏忽而导致设计的修改,应该由承包人承担责任。

3) 施工方案变更要经过工程师的批准,不论这种变更是否会对业主带来好处(如工期缩短、节约费用)。

4) 由于承包人的施工过程、施工方案本身的缺陷而导致的施工方案的变更,由此所引起的费用增加和工期延长应该由承包人承担责任。

5) 业主向承包人授标前(或签订合同前),可以要求承包人对施工方案进行补充、修改或作出说明,以便符合业主的要求。在授标后(或签订合同后)业主为了加快工期、提高质量等要求变更施工方案，由此所引起的费用增加可以向业主索赔。

课题 3　施工项目合同索赔

工程索赔是承包人和发包人保护自身正当权益、弥补工程损失的重要且有效的手段。

建设工程索赔通常是指在工程合同履行过程中，合同当事人一方因对方不履行或未能正确履行合同或者由于其他非自身因素而受到经济损失或权利损害，通过合同规定的程序向对方提出经济或时间补偿要求的行为。索赔是一种正当的权利要求，它是合同当事人之间一项正常且普遍存在的合同管理业务，是一种以法律和合同为依据的合情合理的行为。

合同索赔是当事人在合同实施过程中，根据法律、合同规定及惯例，对并非由于自己的过错，而是应由合同对方承担责任的情况所造成的、且实际发生的损失，向对方提出给予补偿的要求。在工程建设的各个阶段，都有可能发生索赔，但在施工阶段索赔事件发生最多。

5.3.1　索赔的起因

索赔可能由以下一个或几个方面的原因引起。
1）合同对方违约，不履行或未能正确履行合同义务与责任。
2）合同错误，如合同条文不全、错误、矛盾等，设计图纸、技术规范错误等。
3）合同变更。
4）工程环境变化，包括法律、物价和自然条件的变化等。
5）不可抗力因素，如恶劣气候条件、地震、洪水、战争状态等。

5.3.2　索赔的分类

1. 承包商向业主的索赔

1）**因合同文件引起的索赔：**
① 有关合同文件的组成问题引起的索赔。
② 关于合同文件有效性引起的索赔。
③ 因图纸或工程量表中的错误而引起的索赔。

2）**有关工程施工的索赔：**
① 地质条件变化引起的索赔。
② 工程中人为障碍引起的索赔。
③ 增减工程量的索赔。
④ 各种额外的试验和检查费用的偿付。
⑤ 工程质量要求的变更引起的索赔。
⑥ 指定分包商违约或延误造成的索赔。
⑦ 其他有关施工的索赔。

3）**关于价款方面的索赔：**
① 关于价格调整方面的索赔。
② 关于货币贬值和严重经济失调导致的索赔。
③ 拖延支付工程款的索赔。

4）关于工期的索赔：
① 关于延长工期的索赔。
② 由于延误产生损失的索赔。
③ 赶工费用的索赔。

5）特殊风险和人力不可抗拒灾害的索赔：
① 特殊风险的索赔。特殊风险一般是指战争、敌对行动、入侵行为、核污染及冲击波破坏、叛乱、革命、暴动、军事政变或篡权、内战等。
② 人力不可抗拒灾害的索赔。人力不可抗拒灾害主要是指自然灾害，由这类灾害造成的损失应向承保的保险公司索赔。在许多合同中承包人以业主和承包人共同的名义投保工程一切险，这种索赔可同业主一起进行。

6）工程暂停、终止合同的索赔：
① 施工过程中，工程师有权下令暂停全部或者部分工程，只要这种暂停命令并非承包人违约或其他以外风险造成的，承包人不仅可以得到要求工期延长的权利，而且可以就其停工损失获得合理的额外费用补偿。
② 终止合同和暂停工程的意义是不同的，有些是由于意外风险造成的损害十分严重而终止合同，也有些是由"错误"引起的合同终止，例如业主认为承包人不能履约而终止合同，甚至从工地驱逐该承包人。

7）财务费用补偿的索赔：
财务费用的损失要求补偿，是指因各种原因使承包人财务开支增多而导致的贷款利息等财务费用。

2．业主向承包商索赔

在承包商未按合同要求实施工程时，工程师除了可向承包商发出批评或警告，要求承包商及时改正外，在许多情况下，工程师也可以代表业主根据合同向承包商提出索赔。

1）索赔费用和利润：
承包商未按合同要求实施工程，发生下列损害业主权益或违约的情况时，业主可索赔费用和（或）利润。
① 工程进度太慢，要求承包商赶工时，可索赔工程师的加班费；
② 合同工期已到而工程仍未完工，可索赔误期损害赔偿费；
③ 质量不满足合同要求，如不按照工程师的指示拆除不合格工程和材料，不进行返工或不按照工程师的指示在缺陷责任期内修复缺陷，则业主可找另一家公司完成此类工作，并向承包商索赔成本及利润；
④ 质量不满足合同要求，工程被拒绝接收，在承包商自费修复后，业主可索赔重新检验费；
⑤ 未按合同要求办理保险，业主可前去办理并扣除或索赔相应的费用；
⑥ 由于合同变更或其他原因造成工程施工的性质、范围或进度计划等方面发生变化，承包商未按合同要求及时办理保险，由此造成的损失或损害可向承包商索赔；
⑦ 未按合同要求采取合理措施，造成运输道路、桥梁等的破坏；
⑧ 未按合同条件要求，无故不向分包商付款；
⑨ 严重违背合同（如工程进度一拖再拖，质量经常不合格等），工程师一再警告仍没有

明显改进时，业主可没收履约保函。

2）索赔工期：

FIDIC 于 1999 年出版的新版合同条件《施工合同条件》（"新红皮书"）规定，当承包商的工程质量不能满足要求，即某项缺陷或损害使工程、区段或某项主要生产设备不能按原定目的使用时，业主有权延长工程或某一区段的缺陷通知期。

3．反索赔

反索赔就是反驳、反击或者防止对方提出的索赔，不让对方索赔成功或者全部成功。一般认为，索赔是双向的，业主和承包商都可以向对方提出索赔要求，任何一方也都可以对对方提出的索赔要求进行反驳和反击，这种反击和反驳就是反索赔。

在工程实践过程中，当合同一方向对方提出索赔要求，合同另一方对对方的索赔要求和索赔文件可能会有三种选择：

1）全部认可对方的索赔，包括索赔之数额；

2）全部否定对方的索赔；

3）部分否定对方的索赔。

针对一方的索赔要求，反索赔的一方应以事实为依据，以合同为准绳，反驳和拒绝对方的不合理要求或索赔要求中的不合理部分。

5.3.3 合同索赔

1．索赔成立的条件

（1）构成施工项目索赔条件的事件。索赔事件，又称为干扰事件，是指那些使实际情况与合同规定不符合，最终引起工期和费用变化的各类事件。在工程实施过程中，要不断地跟踪、监督索赔事件，就可以不断地发现索赔机会。通常，承包商可以提起索赔的事件有：

1）发包人违反合同给承包人造成时间、费用的损失；

2）因工程变更（含设计变更、发包人提出的工程变更、监理工程师提出的工程变更，以及承包人提出并经监理工程师批准的变更）造成的时间、费用损失；

3）由于监理工程师对合同文件的歧义解释、技术资料不确切，或由于不可抗力导致施工条件的改变，造成了时间、费用的增加；

4）发包人提出提前完成项目或缩短工期而造成承包人的费用增加；

5）发包人延误支付期限造成承包人的损失；

6）对合同规定以外的项目进行检验，且检验合格，或非承包人的原因导致项目缺陷的修复所发生的损失或费用；

7）非承包人的原因导致工程暂停施工；

8）物价上涨，法规变化及其他。

（2）索赔成立的前提条件。索赔成立，应该同时具备以下三个前提条件：

1）与合同对照，事件已造成了承包人工程项目承包的额外支出，或直接工期损失；

2）造成费用增加或工期损失的原因，按合同约定不属于承包人的行为责任或风险责任；

3）承包人按合同规定的程序和时间提交索赔意向通知和索赔报告。

以上三个条件必须同时具备，缺一不可。

2．索赔的依据

总体而言，索赔的依据主要是三个方面：合同文件；法律、法规；工程建设惯例。针对具体的索赔要求（工期或费用），索赔的具体依据也不相同，例如，有关工期的索赔就要依据有关的进度计划、变更指令等。

（1）**合同文件**。合同文件是索赔的最主要依据，包括：

1）合同协议书；

2）中标通知书；

3）投标书及其附件；

4）合同专用条款；

5）合同通用条款；

6）标准、规范及有关技术文件；

7）图纸；

8）工程量清单；

9）工程报价单或预算书。

合同履行中，发包人与承包人有关工程的洽商、变更等书面协议或文件应视为合同文件的组成部分。

在 GF—1999—0201《建设工程施工合同（示范文本）》中列举了发包人可以向承包人提出索赔的依据条款，也列举了承包人在哪些条件下可以向发包人提出索赔；GF—1999—0213《建设工程施工专业分包合同（示范文本）》中列举了承包人与分包人之间索赔的诸多依据条款。

（2）**订立合同所依据的法律法规**。

1）适用法律和法规。建设工程合同文件适用国家的法律和行政法规。需要明示的法律、行政法规，由双方在专用条款中约定。

2）适用标准、规范。双方在专用条款内约定适用国家标准、规范的名称。

3．索赔证据

（1）**索赔证据的含义**。索赔证据是当事人用来支持其索赔成立或和索赔有关的证明文件和资料。索赔证据作为索赔文件的组成部分，在很大程度上关系到索赔的成功与否。证据不全、不足或没有证据，索赔是很难获得成功的。

在工程项目实施过程中，会产生大量的工程信息和资料，这些信息和资料是开展索赔的重要证据。因此，在施工过程中应该自始至终做好资料积累工作，建立完善的资料记录和科学管理制度，认真系统地积累和管理合同、质量、进度以及财务收支等方面的资料。

（2）**常见的工程索赔证据**。

1）各种合同文件，包括施工合同协议书及其附件、中标通知书、投标书、标准和技术规范、图纸、工程量清单、工程报价单或者预算书、有关技术资料和要求、施工过程中的补充协议等；

2）工程各种往来函件、通知、答复等；

3）各种会谈纪要；

4）经过发包人或者工程师批准的承包人的施工进度计划、施工方案、施工组织设计和现场实施情况记录；

5）工程各项会议纪要；

6）气象报告和资料，如有关温度、风力、雨雪的资料；

7）施工现场记录，包括有关设计交底，设计变更，施工变更指令，工程材料和机械设备的采购、验收与使用等方面的凭证及材料供应清单、合格证书，工程现场水、电、道路等开通、封闭的记录，停水、停电等各种干扰事件的时间和影响记录等；

8）工程有关照片和录像等；

9）施工日记、备忘录等；

10）发包人或者工程师签认的签证；

11）发包人或者工程师发布的各种书面指令和确认书，以及承包人的要求、请求、通知书等；

12）工程中的各种检查验收报告和各种技术鉴定报告；

13）工地的交接记录（应注明交接日期，场地平整情况，水、电、路情况等），图纸和各种资料交接记录；

14）建筑材料和设备的采购、订货、运输、进场、使用方面的记录、凭证和报表等；

15）市场行情资料，包括市场价格、官方的物价指数、工资指数、中央银行的外汇比率等公布材料；

16）投标前发包人提供的参考资料和现场资料；

17）工程结算资料、财务报告、财务凭证等；

18）各种会计核算资料；

19）国家法律、法令、政策文件。

（3）**索赔证据的基本要求**：真实性、及时性、全面性、关联性、有效性。

4. 索赔的方法

这里主要讲述承包人向发包人索赔的一般程序和方法。

（1）**索赔意向通知**。承包人发现索赔机会，首先要提出索赔意向，即在合同规定时间内将索赔意向用书面形式及时通知发包人或者工程师，向对方表明索赔愿望、要求或者声明保留索赔权利，这是索赔工作程序的第一步。索赔意向通知要简明扼要地说明索赔事由发生的时间、地点、简单事实情况描述和发展动态、依据和理由、索赔事件的不利影响等。

（2）**索赔资料的准备**。在索赔资料的准备阶段，主要工作有：

1）跟踪和调查干扰事件，掌握事件产生的详细经过；

2）分析干扰事件产生的原因，划清各方责任，确定索赔依据；

3）损失或损害调查分析与计算，确定工期索赔和费用索赔值；

4）搜集证据，获得充分且有效的各种证据；

5）起草索赔文件。

（3）**索赔文件的提交**。提出索赔的一方应该在合同规定的时限内向对方提交正式的书面索赔文件。例如，FIDIC合同条件和我国GF—1999—0201《建设工程施工合同（示范文本）》都规定，承包人必须在发出索赔意向通知后的28天内或经过工程师同意的其他合理时间内向工程师提交一份详细的索赔文件和有关资料。如果干扰事件对工程的影响持续时间长，承包人则应按工程师要求的合理间隔（一般为28天）提交中间索赔报告，并在干扰事件影响结束后的28天内提交一份最终索赔报告。否则将失去该事件请求补偿的索赔权利。

索赔文件的主要内容包括以下几个方面。

1）综述部分。概要论述索赔事项发生的日期和过程；承包人为该索赔事项付出的努力和附加开支；承包人的具体索赔要求。

2）论证部分。论证部分是索赔报告的关键部分，其目的是说明自己有索赔权，是索赔能否成立的关键。

3）索赔款项（和/或工期）计算部分。如果说索赔报告论证部分的任务是解决索赔权能否成立，则索赔款项计算是解决能得多少款项。前者定性，后者定量。

4）证据部分。要注意引用的每个证据的效力或可信程度，对重要的证据资料最好附以文字说明，或附以确认件。

（4）**索赔文件的审核**。对于承包人向发包人的索赔请求，索赔文件首先应该交由工程师审核。工程师根据发包人的委托或授权，对承包人索赔的审核工作主要分为判定索赔事件是否成立和核查承包人的索赔计算是否正确、合理两个方面。并可在授权范围内作出判断：初步确定补偿额度，或者要求补充证据，或者要求修改索赔报告等。对索赔的初步处理意见要提交发包人。

（5）**发包人审查**。对于工程师的初步处理意见，发包人需要进行审查和批准，之后工程师才可以签发有关证书。

如果索赔额度超过了工程师权限范围，应由工程师将审查的索赔报告请发包人审批，并与承包人谈判解决。

（6）**协商**。对应于工程师的初步处理意见，发包人和承包人可能都不接受或者其中的一方不接受，三方可就索赔的解决进行协商，达成一致，其中可能包括复杂的谈判过程，经过多次协商才能达成。

如果经过努力无法就索赔事宜达成一致意见，则发包人和承包人可根据合同约定选择采用仲裁或者诉讼方式解决。

单 元 小 结

本单元主要介绍了施工承包合同的主要内容。叙述了施工承包合同范本由《协议书》、《通用条款》和《专用条款》三部分组成；构成施工合同文件的组成部分以及对组成合同的文件及优先解释顺序的规定；《通用条款》的组成内容等。讲述了施工承包合同的履行。阐述了合同索赔的起因和分类；索赔成立的条件和应具备的理由，工程索赔及索赔的依据、程序等。

复习思考题

1. 什么是合同？建设工程施工合同的特点有哪些？
2. 建设工程施工承包合同按内容来分主要可分为哪几种合同？
3. 各种施工合同示范文本一般由哪几部分组成？
4. 施工合同文件的组成部分有哪些？
5. 建设工程合同实施分哪些步骤？具体内容是什么？
6. 常见的施工索赔有哪些？
7. 建设工程索赔的依据和程序分别是什么？

案例分析题

北京某工程基坑开挖后发现地下情况和发包商提供的地质资料不符，有古河道，须将河道中的淤泥清除并对地基进行二次处理。为此，业主以书面形式通知施工单位停工 10 天，并同意合同工期延期 10 天。为确保继续施工，要求工人、施工机械等不要撤离施工现场，但在通知中未涉及由此造成施工单位停工的损失如何处理。施工单位认为对其损失过大，意欲索赔。

问题（1）施工单位的索赔能否成立？索赔证据是什么？
（2）由此引起的损失费用项目有哪些？
（3）如果提出索赔要求，应向业主提供哪些索赔文件？

单元 6 施工项目安全管理

【单元概述】

本单元主要阐述施工项目安全管理体系和目标控制、施工安全交底、安全检查及安全事故的分类、调查、处理等内容,并对建筑节能、绿色施工以及建设工程环境保护的相关内容作了介绍。

【学习目标】

通过本单元的学习,学生应了解施工项目安全管理体系的构成及安全控制目标;熟悉施工项目文明施工、绿色施工、建筑节能及环境保护等相关内容;掌握安全交底、安全检查及安全事故的调查处理等方面的知识。

课题 1 施工安全管理体系和目标控制

6.1.1 施工安全保证体系构成

施工安全管理的工作目标,主要是避免或减少一般安全事故和轻伤事故,杜绝重大、特大安全事故和伤亡事故的发生,最大限度地确保施工中劳动者的人身和财产安全。能否达到这一施工安全管理的工作目标,关键问题是需要安全管理和安全技术来保证。

1. 施工安全的组织保证体系

施工安全的组织保证体系是负责施工安全工作的组织管理系统,一般包括最高权力机构、专职管理机构的设置和专兼职安全管理人员的配备(如企业的主要负责人、专职安全管理人员,企业、项目部主管安全的管理人员以及班组长、班组安全员等)。

2. 施工安全的制度保证体系

施工安全的制度保证体系是为贯彻执行安全生产法律、法规、强制性标准、工程施工设计和安全技术措施,确保施工安全而提供制度的支持与保证体系。

3. 施工安全的技术保证体系

施工安全的技术保证,就是为施工条件、施工技术、施工状态、施工行为以及安全生产管理五个方面的安全要求提供安全技术的保证。施工安全技术保证由专项工程、专项技术、专项管理、专项治理四种类别构成,每种类别又有若干项目,每个项目都包括安全可靠性技术、安全限控技术、安全保险与排险技术和安全保护技术四种技术。

4. 施工安全投入保证体系

施工安全投入保证体系是确保施工安全应有与其要求相适应的人力、物力和财力投入,并发挥其投入效果的保证体系。其中,人力投入可在施工安全组织保证体系中解决,而物力和财力的投入则需要解决相应的资金问题。其资金来源为工程费用中的机械装备费、措施费(如脚手架费、环境保护费、安全文明施工费、临时设施费等)、管理费和劳动保险支出等。

5. 施工安全信息保证体系

施工安全工作中的信息主要有文件信息、标准信息、管理信息、技术信息、安全施工状况信息及事故信息等，这些信息对于企业搞好安全施工工作具有重要的指导和参考作用。因此，企业应把这些信息作为安全施工的基础资料保存，建立起施工安全的信息保证体系，以便为施工安全工作提供有力的安全信息支持。施工安全信息保证体系由信息工作条件、信息收集、信息处理和信息服务四部分工作内容组成。

6.1.2 施工安全管理机构

1．公司安全管理机构的设置

公司应设置以法定代表人为第一责任人的安全管理机构，并根据企业的施工规模及职工人数设置专门的安全生产管理机构部门并配备专职安全管理人员。

2．项目经理部安全管理机构的设置

项目经理部是施工现场第一线管理机构，应根据工程特点和规模，设置以项目经理为第一责任人的安全管理领导小组，其成员由项目经理、技术负责人、专职安全员、工长及各工种班组长组成。

3．施工班组安全管理

施工班组要设置不脱产的兼职安全员，协助班组长搞好班组的安全生产管理。班组要坚持班前班后岗位安全检查、安全值日和安全日活动制度，并要认真做好班组的安全记录。

6.1.3 施工安全管理控制

施工安全管理控制是根据企业的整体安全目标，结合本工程的性质、规模、特点、技术复杂程度等实际情况，确定工程安全生产所要达到的目标，并采取一系列措施去努力实现目标的活动过程。

1．安全目标控制

（1）控制和杜绝因工负伤、死亡事故的发生（负伤频率在6‰以下、死亡率为零）；

（2）一般事故频率控制在6‰以内；

（3）无重大设备、火灾和中毒事故；

（4）无环境污染和严重扰民事件。

2．管理目标控制

（1）及时消除重大事故隐患，一般隐患整改率达到的目标不应低于95%；

（2）扬尘、噪声、职业危害作业点合格率应为100%；

（3）保证施工现场达到地省（市）级文明安全工地。

3．工作目标控制

（1）施工现场实现全员安全教育，要求特种作业人员持证上岗率达到 100%，操作人员三级安全教育率 100%；

（2）按期开展安全检查活动，隐患整改达到"五定"要求，即：**定整改责任人、定整改措施、定整改完成时间、定整改完成人、定整改验收人**；

（3）必须把好安全生产的"七关"要求，即：教育关、措施关、交底关、防护关、文明关、验收关、检查关；

（4）认真开展重大安全活动和施工项目的日常安全活动；

（5）安全生产达标合格率100%，优良率80%以上。

课题 2　施工安全技术措施

6.2.1　主要内容

施工安全技术措施可按施工准备阶段和施工阶段编写，其内容详见表 6-1 和表 6-2。

表 6-1　施工准备阶段安全技术措施

准备类型	内　　容
技术准备	(1) 了解工程设计对安全施工的要求 (2) 调查工程的自然环境（水文、地质、气候、洪水、雷击等）和施工环境（粉尘、噪声、地下设施、管道和电缆的分布走向等）对施工安全及周围环境安全的影响 (3) 改扩建工程施工与建设单位使用、生产发生交叉，可能造成双方伤害时，双方应签订安全施工协议，搞好施工与生产的协调，明确双方责任，共同遵守安全事项 (4) 在施工组织设计中，编制切实可行、行之有效的安全技术措施，并严格履行审批手续，送安全部门备案
物资准备	(1) 及时供应质量合格的安全防护用品（安全帽、安全带、安全网等），并满足施工需要 (2) 保证特殊工种（电工、焊工、爆破工、起重工等）使用的工具、器械质量合格，技术性能良好 (3) 施工机具、设备（起重机、卷扬机、电锯、平面刨、电气设备等）、车辆等，须经安全技术性能检测，鉴定合格，防护装置可靠，方可进厂使用 (4) 施工周转材料（脚手架、扣件、跳板等）须认真挑选，不符合安全要求的禁止使用
现场准备	(1) 按施工总平面图要求做好现场施工准备 (2) 现场各种临时设施、库房，特别是炸药库、油库的布置，易燃易爆品存放都必须符合相关规定和消防要求，并经公安消防部门批准 (3) 电气线路、配电设备须符合安全要求，有安全用电防护措施 (4) 保持场内道路通畅，设立交通标志，危险地带设危险信号及禁止通行标志，保证行人、车辆通行安全 (5) 现场周围和陡坡、沟坑处设围栏、防护板，现场入口设"无关人员禁止入内"的警示标志 (6) 塔吊等起重设备安置要与输电线路、永久或临设钢材间有足够的安全距离，避免碰撞，以保证搭设脚手架、安全网的施工距离 (7) 现场设消火栓，有足够的有效的灭火器材、设施
队伍准备	(1) 总包单位及分包单位都应持有《施工企业安全资格审查认可证》方可组织施工 (2) 新工人、特殊工种工人须经岗位技术培训、安全教育后，持合格证上岗 (3) 高、险、难作业工人须经身体检查合格，具有安全生产资格，方可施工作业 (4) 特殊工种作业人员，必须持有《特种作业操作证》方可上岗

表 6-2　施工阶段安全技术措施

工程类型	内　　容
一般工程	(1) 单项工程、单位工程均有安全技术措施，分部分项工程有安全技术具体措施，施工前由技术负责人向参加施工的有关人员进行安全技术交底，并应逐级签发和保存"安全交底任务单" (2) 各项安全技术措施必须在相应的工序施工前落实好。如： 1) 根据基坑、基槽、地下室开挖深度、土质类别，选择开挖方法，确定边坡的坡度和采取防止塌方的护坡支撑方案 2) 脚手架、吊篮等选用及设计搭设方案和安全防护措施 3) 高处作业的上下安全通道 4) 安全网（平网、立网）的架设要求、范围（保护区域）、架设层次、段落 5) 对施工电梯、井架（龙门架）等垂直运输设备的位置、搭设要求、稳定性、安全装置等的要求 6) 施工洞口的防护方法和主体交叉施工作业区的隔离措施 7) 场内运输道路及人行通道的布置 8) 在建工程与周围人行通道及民房的防护隔离措施 (3) 操作者严格遵守相应的操作规程，实行标准化作业 (4) 针对采用的新工艺、新技术、新设备、新结构制定专门的施工安全技术措施 (5) 在明火作业现场（焊接、切割、熬沥青等）有防火、防爆措施 (6) 不同季节的施工要从防护、技术和管理上有预防自然灾害的专门安全技术措施： 1) 夏季进行作业，应有防暑降温措施 2) 雨期进行作业，应有防触电、防雷、防沉陷坍塌、防台风和防洪排水等措施 3) 冬季进行作业，应有防风、防火、防冻、防滑、防煤气中毒等措施

（续）

工程类型	内　容
特殊工程	（1）对于结构复杂、危险性大的特殊工程，应编制单项的安全技术措施，如爆破、大型吊装、沉箱、沉井、烟囱、水塔、特殊架设作业、高层脚手架、井架等 （2）安全技术措施中应注明设计依据，并附有计算、详图和文字说明
拆除工程	（1）详细调查拆除工程的结构特点、结构强度、电线电路、管道设施等现状，制定可靠的安全技术方案 （2）拆除建筑物、构筑物之前，在工程周围划定危险警戒区域，设立安全围栏，禁止无关人员进入作业现场 （3）拆除工作开始前，先切断被拆除建筑物、构筑物的电线、供水、供热、供煤气的通道 （4）拆除工作应自上而下顺序进行，禁止数层同拆，必要时要对底层或下部结构加固 （5）栏杆、楼梯、平台应与主体拆除工程配合进行，不能先行拆除 （6）拆除作业工人应站在脚手架或稳固的结构部分上操作，拆除承重梁、柱之前应拆除其承重的全部结构，并防止其他部分坍塌 （7）拆下的材料要及时清理运走，不得在旧楼板上集中堆放，以免超负荷 （8）拆除建筑物、构建物内需要保留的部分或设备，要事先搭好防护棚 （9）一般不采用推倒方法拆除建筑物，必须采用推倒方法时，应采取特殊安全措施

6.2.2　审批管理

1．一般工程施工安全技术措施

一般工程施工安全技术措施在施工前必须编制完成，并经过施工项目经理部的技术部门负责人审核，施工项目经理部总工程师审批，报公司项目管理部、安全监督部备案。

2．重要工程或较大专业工程的施工安全技术措施

重要工程或较大专业工程的施工安全技术措施由项目（或专业公司）总工程师审核，公司项目管理部、安全监督部复核，经公司技术部或公司总工程师委托技术人员审批，并在公司项目管理部、安全监督部备案。

3．大型、特大型工程安全技术措施

大型、特大型工程安全技术措施由施工项目经理部总工程师组织编制，报公司技术部、项目管理部、安全监督部审核，由公司总工程师审批，并在上述公司的三个部门备案。

4．分包单位编制的施工安全技术措施

分包单位编制的施工安全技术措施在完成报批手续后报施工项目经理部的技术部门备案。

6.2.3　安全技术交底

1．安全技术交底的要求

（1）施工项目经理部必须实行逐级安全技术交底制度，纵向延伸到班组全体作业成员。

（2）应充分考虑各分部分项工程施工中给作业人员带来的潜在危险因素和存在问题，技术交底必须具体、明确、针对性强。

（3）应优先采用新的安全技术措施。

（4）对于涉及"四新"项目或技术含量高、技术难度大的单项技术设计，必须经过两阶段技术交底，即初步设计技术交底和实施性施工图技术设计交底。

（5）应将工程概况、施工方法、安全技术措施等情况，向工地负责人、工长、班组长及全体职工进行详细交底。

（6）对于有两个以上施工队或多工种交叉施工时，要根据工程进度情况定期或不定期地向有关施工队或班组进行书面交底。

(7) 书面交底工作应逐级进行，详细注明交底的时间和内容，同时交底人和接受交底人要予以签名或盖章。

(8) 安全技术交底书要按单位工程归放在一起，以备查验。

2．安全技术交底的内容

安全技术交底是一项技术性很强的工作，对于贯彻设计意图、严格实施技术方案、按图施工、循规操作、保证施工质量和施工安全至关重要。安全技术交底主要内容如下：

1）建设工程项目、单项工程和分部分项工程的概况、施工特点和施工安全要求；

2）确保施工安全的关键环节、危险部位、安全控制点及采取相应的技术、安全和管理措施；

3）**做好"四口"、"五临边"的防护设施**，其中"四口"为通道口、楼梯口、电梯井口、预留洞口；"五临边"为未安装栏杆的阳台周边、无外架防护的周边、框架工程的楼层周边、卸料平台的外侧边和上下跑道、斜道的两侧边；

4）项目管理人员应做好的安全管理事项和作业人员应注意的安全防范事项；

5）各级管理人员应遵守的安全标准和安全操作规程；

6）安全检查要求，注意及时发现和消除的安全隐患；

7）对于出现异常征兆、事态或发生事故后应及时采取的避难和急救措施；

8）对于安全技术交底未尽的其他事项的要求（即应按哪些标准、规定和制度执行）。

课题 3　安全文明施工

6.3.1　安全施工措施

根据《建设工程施工现场管理规定》中的"文明施工管理"和《建设工程项目管理规范》中"项目现场管理"的规定，以及各省市有关建设工程文明施工管理的要求，施工单位应规范施工现场，创造良好生产、生活环境，保障职工的安全与健康，做到文明施工、安全有序、整洁卫生、不扰民、不损害公众利益。

1．现场大门和围挡设置

1）施工现场设置钢制大门，大门牢固、美观。高度不宜低于 4m，大门上应标有企业标志；

2）施工现场的围挡必须沿工地四周连续设置，不得有缺口。并且围挡要坚固、平稳、严密、整洁、美观；

3）**围挡的高度：市区主要路段不宜低于 2.5m；一般路段不低于 1.8m**；

4）围挡材料应选用砌体、金属板材等硬质材料，禁止使用彩条布、竹笆、安全网等易变形材料；

5）建设工程外侧周边使用密目式安全网（2000 目/100cm^2）进行防护。

2．现场封闭管理

1）施工现场出入口设专职门卫人员，加强对现场材料、构件、设备的进出监督管理。

2）为加强对出入现场人员的管理，施工人员应佩戴工作证。

3．施工场地布置

1）施工现场大门内必须设置明显的五牌一图（即工程概况牌、安全生产制度牌、文明施工制度牌、环境保护制度牌、消防保卫制度牌及施工现场平面布置图），标明工程项目名称，建设单位，设计单位，施工单位，监理单位，工程概况及开工、竣工日期等；

2）对于文明施工、环境保护和易发生伤亡事故（或危险）处，应设置明显的、符合国家标准要求的安全警示标志牌；

3）**设置施工现场安全"五标志"**，即：**指令标志**（佩戴安全帽、系安全带等），**禁止标志**（禁止通行、严禁抛物等），**警告标志**（当心落物、小心坠落等），**电力安全标志**（禁止合闸、当心有电等）和**提示标志**（安全通道、火警、盗警、急救中心电话等）；

4）现场主要运输道路尽量采用循环方式设置或有车辆调头的位置，保证道路通畅；

5）现场道路有条件的可采用混凝土路面，无条件的可采用其他硬化路面。现场地面也应进行硬化处理，以免现场扬尘，雨后泥泞；

6）施工现场必须有良好的排水设施，保证排水畅通；

7）现场内的施工区、办公区和生活区要分开设置，保持安全距离，并设标志牌，办公区和生活区应根据实际条件进行绿化；

8）各类临时设施必须根据施工总平面图布置，要求整齐、美观，办公和生活用的临时设施宜采用轻体保温或隔离的活动房，既可多次周转使用，降低暂设成本，又可达到整洁美观的效果；

9）施工现场临时用电线路的布置，必须符合安装规范和安全操作规程的要求，严格按施工组织设计进行架设，严禁任意拉线接电，且必须设有保证施工要求的夜间照明；

10）工程施工的废水、泥浆应经流水槽或管道流到工地集水池统一沉淀处理，不得随意排放和污染施工区域以外的河道、路面。

4．现场材料、工具堆放

1）施工现场的材料、构件、工具必须按施工平面图规定的位置按品种、分规格整齐堆放，并设置明显标牌，不得侵占场内道路及安全防护等设施。

2）施工作业区的垃圾不得长期堆放，要随时清理，做到每天工完场清。

3）易燃易爆物品不能混放，要有集中存放的库房。班组使用的零散易燃易爆物品，必须按有关规定存放。

4）楼梯间、休息平台、阳台临边等地方不得堆放物料。

5．施工现场安全防护布置

根据建设部有关建筑工程安全防护的有关规定，施工项目经理部必须做好施工现场的安全防护工作。

1）施工临边、洞口交叉、高处作业及楼板、屋面、阳台等临边防护，必须采用密目式安全立网全封闭，作业层要另加防护栏杆和180mm高的踢脚板；

2）通道口设防护棚，防护棚应为不小于50mm厚的木板或两道相距500mm的竹笆，两侧应沿栏杆架用密目式安全网封闭；

3）预留洞口用木板全封闭防护，对于短边超过1.5m的洞口，除封闭外四周还应设防护栏杆；

4）电梯井口设置定型化、工具化、标准化的防护门，电梯井内每隔两层（不大于10m）设置一道安全平网；

5）楼梯边设1.2m高的定型化、工具化、标准化的防护栏杆和180mm高的踢脚板；

6）垂直方向交叉作业，应设置防护隔离棚或其他防护设施；

7）高空作业施工，必须有悬挂安全带的悬索或其他设施，有操作平台，有上下的梯子或其他形式的通道。

6．施工现场防火布置

1）施工现场应根据工程实际情况，订立消防制度或消防措施；

2）按照不同作业条件和消防有关规定，合理配备消防器材；消防器材设置点要有明显标志，夜间设置红色警示灯，消防器材应垫高设置，周围2m内不准乱放物品；

3）当建筑施工高度超过 30m（或当地规定）时，为防止单纯依靠消防器材灭火不能满足要求，应配备有足够的消防水源和自救的用水量。扑救电气火灾不得用水，应使用干粉灭火器；

4）在容易发生火灾的区域施工或储存、使用易燃易爆器材时，必须采取特殊的消防安全措施；

5）现场动火，必须经有关部门批准，设专人管理，**五级风以上禁止使用明火**；

6）**坚持执行现场防火"五不走"的规定**，即：交接班不交代不走、用火设备火源不熄灭不走、用电设备不拉闸不走、可燃物不清干净不走、发现险情不报告不走。

7．施工现场临时用电布置

（1）施工现场临时用电配电线路：

1）按照 TN-S 系统要求配备五芯电缆、四芯电缆和三芯电缆；

2）按要求架设临时用电线路的电杆、横担、瓷夹、瓷瓶等，或电缆埋地的地沟；

3）对靠近施工现场的外电线路，设置木质、塑料等绝缘体的防护设施。

（2）配电箱、开关箱：

按三级配电要求，配备总配电箱、分配电箱、开关箱等三类标准电箱。开关箱应符合一机、一箱、一闸、一漏。按两级保护的要求，选取符合容量要求和质量合格的总配电箱和开关箱中的漏电保护器。装置施工现场保护零线的重复接地应不少于三处。

8．施工现场生活设施布置

1）职工生活设施要符合卫生、安全、通风、照明等要求；

2）职工的膳食、饮水供应等应符合卫生要求。炊事员必须有卫生防疫部门颁发的体检合格证；生熟食分别存放，炊事员要穿白工作服，食堂卫生要定期清扫检查；

3）施工现场应设置符合卫生要求的厕所，有条件的应设水冲式厕所，并有专人清扫管理；

4）生活区应设置满足使用要求的淋浴设施和管理制度；

5）生活垃圾要及时清理，不能与施工垃圾混放，并设专人管理；

6）职工宿舍要考虑到季节性的要求，冬季应有保暖、防煤气中毒措施；夏季应有消暑、防虫叮咬措施，保证施工人员的良好睡眠；

7）宿舍内床铺及各种生活用品放置要整齐，通风良好，并要符合安全疏散的要求；

8）生活设施的周围环境要保持良好的卫生条件，周围道路、园区平整，并要设置垃圾箱和污水池，不得随意乱泼乱倒。

9．施工现场综合治理

1）项目部应做好施工现场安全保卫工作，建立治安保卫制度和责任分工，并有专人负

责管理;

2) 施工现场在生活区域内适当设置职工业余生活场所,以便施工人员工作后能劳逸结合;

3) 现场不得焚烧有毒有害物质,该类物质必须按有关规定进行处理;

4) 现场施工必须采取不扰民措施,要设置防尘和防噪声设施,做到噪声不超标(噪声限制可参见表 6-4 的规定);

5) 为应对现场可能发生的意外伤害,现场应配备相应的保健药箱和一般常用药品及应急救援器材,以便保证及时抢救;

6) 为保障施工作业人员的身心健康,应在流行病发生季节及平时,定期开展卫生防疫的宣传教育工作;

7) 施工作业区的垃圾不得长期堆放,要随时清理,做到每天工完场清;

8) 施工现场应设置密闭式垃圾存放处,施工垃圾、生活垃圾应分类存放;施工垃圾必须采用相应容器或管道运输。

6.3.2 安全施工检查

安全施工检查应根据企业生产的特点,制定检查的项目标准,其主要内容包括:

1. 查思想

检查企业领导和员工对安全生产方针的认识程度,对建立健全安全生产管理和安全生产规章制度的重视程度,对安全检查中发现的安全问题或安全隐患的态度等。

2. 查制度

工程承包企业应结合本身的实际情况,建立健全一整套本企业的安全生产规章制度,并落实到具体的工程项目施工任务中。在安全检查时,应对企业的施工安全生产规章制度进行检查。

3. 查管理

主要检查安全生产管理是否有效,安全生产管理和规章制度是否真正得到落实。

4. 查隐患

主要检查生产作业现场是否符合安全生产要求,检查工人的劳动条件、卫生设施、安全通道,零部件的存放,防护设施状况,电器设备、压力容器、化学用品的储存,粉尘及有毒有害作业部位点的达标情况,车间内的通风照明设施,个人劳动防护用品的使用是否符合规定等。要特别注意对一些要害部位和设备加强检查,如锅炉房,变电所,各种剧毒、易燃易爆场所。

5. 查整改

主要检查对过去提出的安全问题和发生安全生产事故及安全隐患后是否采取了安全技术措施和安全管理措施,进行整改的效果如何。

6. 查事故处理

主要检查对伤亡事故是否及时报告,对责任人是否已经作出严肃处理。在安全检查中必须成立一个适应安全检查工作需要的检查组,配备适当的人力、物力。检查结束后应编写安全检查报告,说明已达标项目、未达标项目、存在问题、原因分析,给出纠正和预防措施的建议、检查伤亡事故处理等主要内容。

6.3.3 安全隐患处理

1. 安全隐患的不安全因素

（1）**人的不安全因素**。人的不安全因素是指能导致系统发生故障或发生性能不良事件的个人因素和违背安全要求的错误行为。包括：

1）心理上有影响安全的性格、气质和情绪等不安全因素，如急躁、懒散、粗心等；

2）生理上存有不安全因素，如视觉、听觉、体能、年龄等方面不能适应作业岗位要求，有不适应作业岗位要求的疾病，或者疲劳、酒醉、感觉朦胧等；

3）能力上有知识技能、应变能力、资格等不能适应工作和作业岗位要求的不安全因素；

4）行为上有操作失误、物体存放不当、冒险进入危险场所、未正确使用个人防护用品用具、在机器运转时检查维修保养、在起吊物下作业停留、对易燃易爆等危险物品处理错误等不安全行为。

（2）**物的不安全状态**。物的不安全状态是指能导致事故发生的物质条件，包括机械设备或环境所存在的不安全因素。主要表现为：

1）物本身存在的缺陷；

2）防护保险方面的缺陷；

3）物的放置方法的缺陷；

4）作业环境场所的缺陷；

5）外部或自然界的不安全状态；

6）作业方法导致的物的不安全状态；

7）保护器具信号、标志和个体防护用品的缺陷。

（3）**组织管理上的不安全因素**。组织管理上的不安全因素是指由于组织管理上的缺陷导致事故潜在的不安全因素，包括：

1）技术上的缺陷；

2）教育上的缺陷；

3）生理上的缺陷；

4）心理上的缺陷；

5）管理工作上的缺陷；

6）学校教育和社会、历史原因造成的缺陷。

2. 安全隐患的治理原则

在工程建设过程中，安全事故隐患是难以避免的，但要尽可能预防和消除安全事故隐患。首先需要项目参与方加强安全意识，做好事前控制，建立健全各项安全生产管理制度，落实安全生产责任制，注重安全生产教育培训，保证安全生产条件所需资金投入，将安全隐患消除在萌芽之中；其次是根据工程的特点确保各项安全施工措施的落实，加强对工程安全生产的检查监督，及时发现安全事故隐患；再次是对发生的安全事故隐患及时进行处理，查找原因，防止事故隐患的进一步扩大。对于安全事故隐患，应把握以下几点治理原则。

（1）**冗余安全度治理原则**。为确保安全，在治理事故隐患时应考虑设置多道防线，即使发生有一两道防线无效，还有冗余的防线可以控制事故隐患。例如：道路上有一个坑，既要设防护栏及警示牌，又要设照明及夜间警示红灯。

（2）单项隐患综合治理原则。人、机、料、法、环五者任一个环节产生安全事故隐患，都要从五者安全匹配的角度考虑，调整匹配的方法，提高匹配的可靠性。一件单项隐患问题的整改需综合治理，例如某工地发生触电事故，一方面要进行人的安全用电操作教育，另一方面现场也要设置漏电开关，对配电箱、用电线路进行防护改造，严禁非专业电工乱接乱拉电线。

（3）事故直接隐患与间接隐患并治原则。对人、机、环境系统进行安全治理，同时还需治理安全管理措施。

（4）预防与减灾并重治理原则。治理安全事故隐患时，需尽可能减少发生事故的可能性，如果不能安全控制事故的发生，也要设法将事故等级降低。但是不论预防措施如何完善，都不能保证事故绝对不会发生，还必须对事故减灾做好充分准备，研究应急技术操作规范。如及时切断供料及切断能源的操作方法；及时降压、降温、降速以及停止运行的方法；及时排放毒物的方法；及时疏散及抢救的方法；及时请求救援的方法等。还应定期组织训练和演习，使该生产环境中每名干部及工人都真正掌握这些减灾技术。

（5）重点治理原则。按对隐患的分析评价结果实行危险点分级治理，也可以用安全检查表打分，对隐患危险程度分级。

（6）动态治理原则。动态治理就是对生产过程进行动态随机安全化治理，生产过程中发现问题及时治理，既可以及时消除隐患，又可以避免小的隐患发展成大的隐患。

3．安全隐患的处理方法

（1）当场指正，限期纠正，预防隐患发生。对于违章指挥和违章作业行为，检查人员应当场指出，并限期纠正，预防事故的发生。

（2）做好记录，及时整改，消除安全隐患。对检查中发现的各类安全事故隐患，应做好记录，分析安全隐患产生的原因，制定消除隐患的纠正措施，报相关方审批准后进行整改，及时消除隐患。对重大安全事故隐患排除前或者排除过程中无法保证安全的，责令从危险区域内撤出作业人员或者暂时停止施工，待隐患消除再行施工。

（3）分析统计，查找原因，制定预防措施。对于反复发生的安全隐患，应通过分析统计，属于多个部位存在的同类型隐患，即"通病"；属于重复出现的隐患，即"顽症"。查找产生"通病"和"顽症"的原因，修订和完善安全管理措施，制定预防措施，从源头上消除安全事故隐患的发生。

（4）跟踪验证。检查单位应对受检单位的纠正和预防措施的实施过程和实施效果进行跟踪验证，并保存验证记录。

课题4 安 全 事 故

6.4.1 安全事故分类

2007年6月1日起实施的《生产安全事故报告和调查处理条例》（以下简称《条例》）规定，按生产安全事故（以下简称事故）造成的人员伤亡或者直接经济损失，将事故分为以下等级：

(1) **特别重大事故**，是指造成 30 人以上死亡，或者 100 人以上重伤（包括急性工业中毒，下同），或者 1 亿元以上直接经济损失的事故。

(2) **重大事故**，是指造成 10 人以上 30 人以下死亡，或者 50 人以上 100 人以下重伤，或者 5000 万元以上 1 亿元以下直接经济损失的事故。

(3) **较大事故**，是指造成 3 人以上 10 人以下死亡，或者 10 人以上 50 人以下重伤，或者 1000 万元以上 5000 万元以下直接经济损失的事故。

(4) **一般事故**，是指造成 3 人以下死亡，或者 10 人以下重伤，或者 1000 万元以下 100 万元以上直接经济损失的事故（其中 100 万元以上，是中华人民共和国建设部建质【2007】257 号《关于进一步规范房屋建筑和市政工程生产安全事故报告和调查处理工作的若干意见》（以下简称《若干意见》）中规定的）。

本等级划分所称的"以上"包括本数，所称的"以下"不包括本数。

6.4.2 安全事故报告

1. 报告原则

根据国家法律法规的要求，在进行生产安全事故报告和调查处理时，要坚持实事求是、尊重科学的原则，既要及时、准确地查明事故原因，明确事故责任，使责任人受到追究；又要总结经验教训，落实整改和防范措施，防止类似事故再次发生。因此，施工项目一旦发生安全事故，必须实施"四不放过"的原则：

(1) **事故原因未查清不放过**。在调查处理伤亡事故时，首先要把事故原因分析清楚，找出导致事故发生的真正原因，并搞清各因素之间的因果关系，避免今后类似事故的发生。

(2) **事故责任者和员工未受到教育不放过**。对事故责任者要严格按照安全事故责任追究的法律法规的规定进行严肃处理。不仅要追究事故直接责任人的责任，还要追究有关负责人的领导责任。处理事故责任者必须谨慎，避免事故责任追究的扩大化。

(3) **事故责任者未处理不放过**。使事故责任者和广大群众了解事故发生的原因及所造成的危害，并深刻认识到搞好安全生产的重要性，从事故中吸取教训，提高安全意识，改进安全管理工作。

(4) **整改措施未落实不放过**。必须针对事故发生的原因，提出防止相同或类似事故发生的切实可行的预防措施，并督促事故发生单位加以实施。

2. 报告要求

根据《条例》和《若干意见》的要求，事故报告应当及时、准确、完整，任何单位和个人对事故不得迟报、漏报、谎报或者瞒报。

生产安全事故发生后，**受伤者或最先发现事故的人员**应立即用最快的传递手段，将发生事故的时间、地点、伤亡人数、事故原因等情况，向施工单位负责人报告；施工单位负责人接到报告后，应当于 **1h** 内向事故发生地县级以上人民政府安全生产监督管理部门和负有安全生产监督管理职责的有关部门报告。

情况紧急时，事故现场有关人员可以直接向事故发生地县级以上人民政府安全生产监督管理部门和负有安全生产监督管理职责的有关部门报告。安全生产监督管理部门和负有安全生产监督管理职责的有关部门逐级上报事故情况,每级上报的时间不得超过 **2h**。

实行施工总承包的建设工程,由总承包单位负责上报事故。

3. 报告内容

1)事故发生的时间、地点和工程项目、有关单位名称;

2)事故的简要经过;

3)事故已经造成或者可能造成的伤亡人数(包括下落不明的人数)和初步估计的直接经济损失;

4)事故的初步原因;

5)事故发生后采取的措施及事故控制情况;

6)事故报告单位或报告人员;

7)其他应当报告的情况;

8)事故报告后出现新情况,以及事故发生之日起 30 日内(道路交通事故、火灾事故自发生之日起 7 日内)伤亡人数发生变化的,应当及时补报。

6.4.3 安全事故调查

按照《条例》和《若干意见》的要求,事故调查处理应当坚持实事求是、尊重科学的原则,及时、准确地查清事故经过、事故原因和事故损失,查明事故性质,认定事故责任,总结事故教训,提出整改措施,并对事故责任者依法追究责任。

1. 组成事故调查组

(1)施工单位项目经理应指定技术、安全、质量等部门的人员,会同企业工会、安全管理部门组成调查组,开展调查。

(2)建设主管部门应当按照有关人民政府的授权或委托组织事故调查组,对事故进行调查,并履行下列职责:

1)核实事故项目基本情况,包括项目履行法定建设程序情况、参与项目建设活动各方主体履行职责的情况;

2)查明事故发生的经过、原因、人员伤亡及直接经济损失,并依据国家有关法律法规和技术标准分析事故的直接原因和间接原因;

3)认定事故的性质,明确事故责任单位和责任人员在事故中的责任;

4)依照国家有关法律法规对事故的责任单位和责任人员提出处理建议;

5)总结事故教训,提出防范和整改措施;

6)提交事故调查报告。

2. 事故调查报告内容

1)事故发生单位概况;

2)事故发生经过和事故救援情况;

3)事故造成的人员伤亡和直接经济损失;

4)事故发生的原因和事故性质;

5)事故责任的认定和对事故责任者的处理建议;

6)事故防范和整改措施。

6.4.4 安全事故处理

1．施工现场处理

事故处理是落实"四不放过"原则的核心环节。当事故发生后，事故发生单位应当严格保护事故现场，做好标志，排除险情，采取有效措施抢救伤员和财产，防止事故蔓延扩大。

事故现场是追溯、判断发生事故原因和事故责任人责任的客观物质基础。因抢救人员、疏导交通等原因，需要移动现场物件时，应当作出标志，绘制现场简图并作出书面记录，妥善保存现场重要痕迹、物证，有条件的可以拍照或录像。

2．事故登记

施工现场要建立安全事故登记表，作为安全事故档案，对发生事故人员的姓名、性别、年龄、工种等级、负伤时间、伤害程度、负伤部位及情况、简要经过及原因记录归档。

3．事故分析

施工现场要有安全事故分析记录，对发生轻伤、重伤、死亡、重大设备事故及未遂事故必须按"四不放过"的原则组织分析，查出主要原因，分清责任，提出防范措施，应吸取的教训要记录清楚。

4．事故月报

根据国家安全生产监督管理总局制定的《生产安全事故统计报表制度》（安监总统计【2010】62号）的相关规定，每月全面、如实填报生产安全事故统计报表，若当月无事故也要报空表。

6.4.5 安全事故案例

1．事故简介

2006年2月21日，四川省绵阳市富临丽景花城二期工程在施工过程中，发生卸料平台垮塌事故，造成3人死亡，直接经济损失46.8万元。

上午7时左右，4名模板班组施工人员在11层将清理的木料码放在11层北面卸料平台，又到毗邻卸料平台作业。9时许，塔式起重机信号指挥人员到11层北面卸料平台指挥塔式起重机转臂至平台上方，两名作业人员随即到此平台捆扎木料。在作业过程中，卸料平台突然垮塌，站在卸料平台上的塔式起重机信号指挥人员、两名作业人员坠落身亡。

2．事故处理

根据事故调查和责任认定，对有关责任方作出以下处理：

1）施工单位架子班班长移交司法机关依法追究刑事责任；

2）施工单位总经理、项目经理，监理单位项目总监等7名责任人员分别受到罚款、暂停执业资格等行政处罚；

3）施工单位、监理单位受到经济处罚。

3．事故原因分析

（1）直接原因。架子班作业班组未按照《卸料平台施工专项施工方案》进行搭设，卸料平台使用四根挑杆与外脚手架相连，未与楼层锚固环进行有效连接，卸料平台悬挑端未设置斜拉钢丝绳。事故前一天，外脚手架被拆除。卸料平台承载后，产生较大倾覆力矩，导致平台倾覆。

(2) 间接原因。

1) 施工单位未向作业班组进行方案交底，卸料平台搭设后未进行验收就投入使用，致使卸料平台存在重大事故隐患。

2) 施工单位安全管理不到位，未对作业人员进行三级安全教育，卸料平台搭设人员无特种作业操作资格证书。

3) 监理单位对《卸料平台专项施工方案》审查不严，未发现卸料平台的设计缺陷，对卸料平台未经验收就投入使用监督不力。

4．事故教训

危险性较大的分部分项工程必须编制专项施工方案，施工过程中，必须严格按照方案要求实施，并进行分段验收。特别是对于卸料平台、脚手架、电梯平台等临时设施的设计、制造、搭设和使用，必须严格管理，才能确保安全生产。

5．专家点评

这是一起由于违反卸料平台搭设方案，平台挑梁未与主体结构连接而发生的安全生产责任事故。事故发生暴露出该项目日常安全管理不到位、事故隐患排查治理不力等管理问题。应该认真汲取教训，做好以下几方面工作：

(1) 加强卸料平台的设计、安装、验收和使用全过程的安全管理。卸料平台是承重结构，主要用于施工现场材料的承接、周转。按照 JGJ 80—1991《建筑施工高处作业安全技术规范》的要求，卸料平台搭设前，必须按照结构和载荷情况进行设计计算，编制专项方案，方案中应有详细的文字说明、设计验算、施工图纸和节点详图。平台荷载应直接传递到工程主体结构，不得与脚手架、龙门架等临时设施进行连接。

(2) 加强施工现场安全管理。施工单位必须严格贯彻执行国家相关法律法规的规定，配备专职安全管理人员，认真落实安全生产责任制，严格施工现场安全管理，所有新入场人员必须经过三级教育培训考核合格方可上岗作业，特种作业人员必须持证上岗。

(3) 切实加强施工现场全过程的安全监督检查。施工现场专业性较强的工程，如脚手架、模板支架、塔式起重机、施工电梯、电动吊篮、卸料平台等设备设施的安装、使用和拆除过程，危险性大，人员集中，一旦发生事故，伤亡人员多、影响大、损失惨重，因此，要加强对危险性较大工程的全过程监督检查，不仅要查实体、查隐患，还要查方案、查程序、查验收、查交底、查人员，及时发现问题，消除隐患。

(4) 施工现场监理单位要切实履行安全监理责任，及时纠正、查处生产过程中的违法违章行为。

课题 5　建筑节能与绿色施工

6.5.1　建筑节能

1．基本概念

建筑节能具体指在建筑物的规划、设计、新建（改建、扩建）、改造和使用过程中，执行节能标准，采用节能型的技术、工艺、设备、材料和产品，提高保温隔热性能和采暖供热、空调制冷制热系统效率，加强建筑物用能系统的运行管理，利用可再生能源，在保证室内热环境质量的前提下，减少供热、空调制冷制热、照明、热水供应等系统的能耗。

2. 建筑节能技术途径

（1）减少能源总需求量。据统计，在发达国家，空调采暖能耗占建筑能耗的65%。目前，中国的采暖空调和照明用能量近期增长速度已明显高于能量生产的增长速度，因此，减少建筑的冷、热及照明能耗是降低建筑能耗总量的重要内容。

（2）利用新能源。在节约能源、保护环境方面，新能源的利用起至关重要的作用。新能源通常指非常规的可再生能源，包括太阳能、地热能、风能、生物质能等。

3. 建筑节能新技术

理想的节能建筑应在最少的能量消耗下满足以下三点：一是能够在不同季节、不同区域控制接收或阻止太阳辐射；二是能够在不同季节保持室内的舒适性；三是能够使室内实现必要的通风换气。目前，建筑节能的途径主要包括：尽量减少不可再生能源的消耗，提高能源的使用效率；减少建筑围护结构（外墙、门窗、屋顶）的能量损失；降低建筑设施运行的能耗。

6.5.2 建筑节能案例

采暖、制冷和照明是建筑能耗的主要部分，降低这部分能耗对节能起着重要的作用。英国建筑研究院（BRE）的节能办公楼便是成功的一例。办公楼在建筑围护方面采用了先进的节能控制系统，建筑内部采用通透式夹层，以便于自然通风；通过建筑物背面的格子窗进风，建筑物正面顶部墙上的格子窗排风，形成贯穿建筑物的自然通风。办公楼使用的是高效能冷热锅炉和常规锅炉，两种锅炉由计算机系统控制交替使用，通过埋置于地板内的采暖和制冷管道系统调节室温。该建筑还采用了地板下输入冷水通过散热器制冷的技术，通过在车库下面的深井用水泵从地下抽取冷水进入散热器，再由建筑物旁的另一回水井回灌。为了减少人工照明，办公楼采用了全方位组合型采光、照明系统，由建筑管理系统控制；每一单元都有日光，使用者和管理者通过检测器对系统遥控；在100座的演讲大厅，设置有两种形式的照明系统，允许有0%～100%的亮度，采用节能型管型荧光灯和白炽灯，使每个观众都能享有同样良好的视觉效果和适宜的温度。

6.5.3 绿色施工

1. 基本概念

绿色施工是指工程建设中，在保证安全、健康、质量等基本要求的前提下，通过科学管理和技术进步，最大限度地节约资源并减少对环境产生负面影响的施工活动，实现节能、节地、节水、节材和环境保护（四节一环保）。绿色施工作为建筑全寿命周期中的一个重要阶段，是实现建筑领域资源节约和节能减排的关键环节。

绿色施工不同于绿色建筑。 绿色建筑是指在建筑的全寿命周期内，最大限度地节约资源、保护环境和减少污染，为人们提供健康、适用和高效的使用空间，与自然和谐共生的建筑。绿色建筑体现在建筑物本身的安全、舒适、节能和环保，绿色施工则体现在工程建设过程的四节一环保。绿色施工以打造绿色建筑为落脚点，但是又不仅仅局限于绿色建筑的性能要求，更侧重于过程控制。没有绿色施工，建造绿色建筑就成为空谈。

绿色施工不同于文明施工。 从某种程度上讲，文明施工可以理解为狭义的绿色施工。

随着国家战略政策和技术水平的发展,绿色施工的内涵也在不断深化。绿色施工是国内当前倡导的文明施工、节约型工地等活动的继承和发展,除了涵盖文明施工外,还包括采用降耗环保型的施工工艺和技术,节约水、电、材料等资源能源。因此,绿色施工高于、严于文明施工。

2. 实施措施

实施绿色施工,应进行总体方案优化。一是要在规划、设计阶段,充分考虑绿色施工的总体要求,为绿色施工提供基础条件。二是对施工策划、材料采购、现场施工、工程验收等各阶段进行控制,加强整个施工过程的管理和监督。绿色施工的总体框架由施工管理、环境保护、节材与材料资源利用、节水与水资源利用、节能与能源利用、节地与施工用地保护六个方面组成。

项目经理可以制定以下重要措施实施绿色施工:

1)在节水与水资源利用中,涉及提高用水效率、加强非传统水源利用(中水、雨水、基坑降水阶段的地下水)和用水安全;

2)在节材与材料资源利用中,强调节材措施,结构材料的标准化、专业化生产加工和安装方法优化,围护材料的节能性能,周转材料的合理重复使用;

3)在节能与能源利用中提出机械设备机具、施工用电照明、生产生活及办公临时设施选用节能的机具设备、合理设计工序和配置设施降低耗能的要求;

4)在节地与施工用地保护中,提出严格临时用地指标、强化临时用地保护、合理紧凑施工总平面布置,充分利用原有建筑物、道路管线和交通线路等;施工后应恢复施工活动破坏的植被(一般指临时占地内);

5)与当地园林、环保部门或当地植物研究机构进行合作,在先前开发地区种植当地或其他合适的植物,以恢复剩余空地地貌或科学绿化,补救施工活动中人为破坏植被和地貌造成的土壤侵蚀。

随着国民经济建设的突飞猛进,在施工项目管理中,应该不断**创新绿色施工理念**,健全技术管理规程;不断**创新绿色施工工艺**,提高资源利用水平;不断**创新绿色施工技术**,促进资源循环利用;不断**创新绿色施工装备**,提高环境保护水平。这是资源节约型、环境友好型社会建设的需要,也是施工行业不断向前发展的需要。

6.5.4 绿色施工案例

1. 项目概况

上海人民广场轨道交通枢纽工程场地周边均为交通主干道,交通繁忙,建筑林立,地下管线密集,紧邻"中华第一街"——南京路步行街,人流异常密集。场地内有正在运营的轨道交通1、2号线人民广场车站、区间隧道和地下综合体等地下建筑物(构筑物),必须在确保既有轨道交通正常、安全运营的前提下,实施绿色施工,将施工对周边环境的影响降到最低,保证场地周边正常的商业、办公活动不受影响。

人民广场轨道交通枢纽工程首次采用新建地铁车站与运营地铁车站"共墙"建造,车站大规模单侧卸载时变形极难控制;首次在完全位于"井"字形交叉的运营地铁隧道上方建造面积达 3300m^2 的下沉式广场,隧道上浮变形极难控制;在运营中的地铁隧道之间、距隧道仅 500mm 扩建地下过街通道时的侧向变形极难控制;在运营地铁车站外墙上开设 33 个大面积门洞，车站安全和变形极难控制；施工时要进行众多市政管线、军用光缆及光缆井的原位保护，施工噪声的控制等。

2. 绿色施工难点

由于整个枢纽工程位于上海城市中心区域，周边建筑物众多，地下市政管线纷繁复杂，施工阶段对交通运行能力影响较大，绿色施工要求非常高。主要体现在以下几点：

（1）历史建筑的保护。工程范围内有多处历史保护建筑，具有代表性的有大世界、青年会及沐恩堂。这些建筑由于年代久远，局部已出现裂缝，为保护这些建筑在施工期间的安全，必须采用相应的防护措施。

（2）既有管线的保护。工程所处范围内地下管线错综复杂，数量众多，且有一定数量的不明管线，包括新中国成立前排设的旧管道、通市政府的管线、军用光缆等。不明管线给施工带来了更大的难度，容易引起管线的位移、变形及损坏，造成不可估量的经济损失和社会负面影响。

（3）保障道路畅通。工程周边道路均为城市主干道路，人流及车流量相当拥挤，均有大量公交车线路，交通十分繁忙。故在确保施工顺利进行的前提下，必须采取措施保证周边道路的畅通。

（4）环境污染的控制。工程周边社会经济生活繁忙，为不影响施工区段的旅游商贸功能，必须采取封闭施工，减尘降噪，以不影响百姓正常生活舒适度为首要目标。

3. 绿色施工管理

（1）地下管线原位保护。在人民广场站南端头井洞圈加固时，该位置上有7口光缆井（通市政府及军用），临时搬迁费用高，实际操作难度大，可行性小。人民广场车站有3个穿越西藏中路的出入口，穿越出入口的管线众多，施工时管线不搬迁。因此，必须研究采用暴露保护、悬吊保护、临时替换等技术措施，确保施工时光缆、光缆井及管线的安全。

（2）支撑拆除的噪声和振动控制。大三角换乘大厅采用钢筋混凝土临时支撑、顺作法施工，由于支撑直接与地铁车站结构相连接，不允许采用爆破的方式拆除。又由于人民广场特殊的地理位置，对环境噪声控制要求相当严格，因此必须研究支撑拆除时噪声控制的有效方法。同时支撑拆除时会产生较大的振动，这种振动不论是对车站结构，还是地铁轨道，或是对车站附近的地基土体都会产生较大的影响，需要研究振动对车站结构的影响，作出合理的预测，以指导施工。

（3）交通影响控制。人民广场轨道交通枢纽工程位于城市交通密集区，施工对交通影响较大。而且施工过程中不能采用封交施工，必须确保主干道通行畅通。为此，需要从优化管线搬迁施工、优化结构施工、优化交通组织方案等方面进行研究。

4. 管理成效

（1）经济效益。

1）在工程管线搬迁中，通过对绿色施工技术的研究，对部分地下管线采用了原位保护技术。如在人民广场站南端头井洞圈加固时，该位置上有7口光缆井（通市政府及军用），临时搬迁费用高，实际操作难度大，可行性小。通过原位保护，节省搬迁费用1000万元。

2）人民广场车站有3个穿越西藏中路的出入口，穿越出入口的管线众多，施工时采用了悬吊保护、临时替换等技术措施，节省了搬迁费用近500万元。

3）采用"共墙"技术，节约材料费800万元。

（2）社会效益。

1）在紧贴轨道交通车站或隧道边施工风险控制技术研究方面，探索出了许多关键技术和创新点,并成功运用到基坑施工中。

2)通过精心施工确保了既有运营地铁隧道的结构安全,保证了地铁车站的正常运营。

3)通过绿色施工,确保了周边道路的正常通行以及周边大型商厦的正常营业,有效地保护了周边环境。

4)本项目的成果成功应用到其他一些重要工程。

课题6 建设工程环境保护

由于人口的迅猛增长和经济的快速发展,导致了生态环境状况的日益恶化。环境问题使人类的基本生存条件面临严峻挑战,保护与改善环境质量,维持生态平衡,已成为世界各国谋求可持续发展的一个重要问题。

建设工程是人类社会发展过程中一项规模浩大、旷日持久的频密生产活动。在这个生产过程中,不仅改变了自然环境,还不可避免地对环境造成污染和损害。因此,在建设工程生产过程中,要竭尽全力控制工程对资源环境的污染和损害程度,采用组织、技术、经济和法律等手段,对不可避免的环境污染和资源损坏予以治理,保护环境,造福人类,防止人类与环境关系的失调,促进经济建设、社会发展和环境保护的协调发展。

6.6.1 环境保护内容

1. 环境保护的原则

1)经济建设和环境保护协调发展的原则;
2)预防为主、防治结合、综合治理的原则;
3)依靠群众保护环境的原则;
4)环境经济责任原则,即污染者付费的原则。

2. 环境保护的内容

1)预防和治理由生产和生活活动引起的环境污染;
2)防止由建设和开发活动引起的环境破坏;
3)保护有特殊价值的自然环境;
4)其他。如防止臭氧层破坏、防止气候变暖、国土整治、城乡规划、植树造林、控制水土流失和荒漠化等。

6.6.2 环境影响因素

通常建设工程施工现场的环境因素对环境影响的类型,见表6-3。

表6-3 施工现场的环境因素对环境的影响

序号	环境因素	产生的地点、工序和部位	环境影响
1	噪声的排放	施工机械、运输设备、电动工具运行中	影响人体健康、居民休息
2	粉尘的排放	施工场地平整、土堆、沙堆、石灰、现场路面、进出车辆车轮带泥沙、水泥搬运、混凝土搅拌、木工房锯末、喷砂、除锈、衬里	污染大气、影响居民身体健康
3	运输的遗撒	现场渣土、商品混凝土、生活垃圾、原材料运输当中	污染路面、影响居民生活

(续)

序号	环境因素	产生的地点、工序和部位	环境影响
4	化学危险品、油品的泄漏或挥发	实验室、油漆库、油库、化学材料库及其作业面	污染土地、损害人员健康
5	有毒有害废弃物排放	施工现场、办公区、生活区废弃物	污染土地、水体、大气
6	生产、生活污水的排放	现场搅拌站、厕所、现场洗车处、生活区服务设施、食堂等	污染水体
7	生产用水、用电的消耗	现场、办公室、生活区	资源浪费
8	办公用纸的消耗	办公室、现场	资源浪费
9	光污染	现场焊接、切割作业、夜间照明	影响居民生活、休息和邻近人员健康
10	离子辐射	放射源储存、运输、使用中	严重危害居民、工作人员健康
11	混凝土防冻剂（氨味）的排放	混凝土使用中	影响健康
12	混凝土搅拌站噪声、粉尘、运输遗撒污染	混凝土搅拌站	严重影响周围居民生活、休息

6.6.3 环境保护措施

施工单位应遵守国家有关环境保护的法律规定，采取有效措施控制施工现场的各种粉尘、废气、废水、固体废物以及噪声、振动等对环境的污染和危害。根据《建设工程施工现场管理规定》第三十二条规定，施工单位应当采取下列防止环境污染的措施：

1）妥善处理泥浆水，未经处理不得直接排入城市排水设施和河流；

2）除设有符合规定的装置外，不得在施工现场熔融沥青或者焚烧油毡、油漆以及其他会产生有毒有害烟尘和恶臭气体的物质；

3）使用密封式的圆筒或者采取其他措施处理高空废弃物；

4）采取有效措施控制施工过程中的扬尘；

5）禁止将有毒有害废弃物用做土方回填；

6）对产生噪声、振动的施工机械，应采用有效控制措施，减轻噪声扰民。

6.6.4 环境事故处理

1. 施工现场水污染的处理

（1）禁止将有毒有害废弃物用做土方回填，以免污染地下水和环境。

（2）施工现场现搅拌站废水，现制水磨石作业产生的污水，电石（碳化钙）的污水，混凝土输送泵及运输车辆清洗产生的污水禁止随地排放，**必须经沉淀池沉淀合格后再排入市政污水管网，最好将沉淀水用于工地洒水降尘或采取措施回收利用。**

（3）对于施工现场气焊用的乙炔发生罐产生的污水严禁随地倾倒，要求专用容器集中存放，并倒入沉淀池处理，以免污染环境。

（4）现场存放油料，必须对库房地面进行防渗处理，如采用防渗混凝土地面、铺油毡等措施。使用时，要采取防止油料跑、冒、滴、漏的措施，以免污染水体。

（5）施工现场 **100** 人以上的临时食堂，污水排放应设置简易有效的隔油池，使产生的污水经过隔油池后再排入市政污水管网。

（6）工地临时厕所、化粪池应采取防渗漏措施。中心城市施工现场的临时厕所可采用水冲式厕所，并有防蝇灭蛆措施，防止污染水体和环境。

2. 施工现场噪声污染的处理

（1）施工噪声的类型。

1）机械性噪声，如柴油机打桩机、推土机、挖土机、搅拌机、风钻、风铲、混凝土振动器、木材加工机械等发出的噪声。

2）空气动力性噪声，如通风机、鼓风机、空气锤打桩机、电锤打桩机、空气压缩机、铆枪等发出的噪声。

3）电磁性噪声，如发电机、变压器等发出的噪声。

4）爆炸性噪声，如放炮作业过程中发出的噪声。

（2）施工噪声的处理。

1）施工现场的搅拌机、固定式混凝土输送泵、电锯、大型空气压输机等强噪声机械设备应搭设封闭式机械棚，并尽可能离居民区远一些设置，以减少强噪声的污染。

2）尽量选用低噪声或备有消声降噪设备的机械。

3）凡在居民密集区进行强噪声施工作业时，要严格控制施工作业时间，**晚间作业不超过 22 时，早晨作业不早于 6 时**，特殊情况下需昼夜施工时，应尽量采取降噪措施，并会同建设单位做好周围居民的工作，同时报工地所在地的环保部门备案后方可施工。

4）施工现场要严格控制人为的大声喧哗，增强施工人员防噪声扰民的自觉意识。

5）加强施工现场环境噪声的长期监测，要有专人监测管理，并做好记录。凡超过 GB 12523—2011《建筑施工场界环境噪声排放标准》（表 6-4）的，要及时进行调整，达到施工噪声不扰民的目的。

表 6-4　建筑施工场界环境噪声排放限值　　　　　　　　（单位：dB（A））

昼间	夜间
70	55

6）夜间噪声最大声级超过限值的幅度不得高于 15dB（A）；当场界距噪声敏感建筑物（指医院、学校、机关、科研单位、住宅等需要保持安静的建筑物）较近，其室外不满足测量条件时，可在噪声敏感建筑物室内测量，并将表 6-4 中相应的限值减 10dB（A）作为评价依据。

3. 施工现场空气污染的控制

（1）施工现场外围设置的围挡不得低于 **1.8m**，以避免或减少污染物向外扩散。

（2）施工现场的主要运输道路必须进行硬化处理。现场应采取覆盖、固化、绿化、洒水等有效措施，做到不泥泞、不扬尘。

（3）应有专人负责环保工作，并配备相应的洒水设备，及时洒水，减少扬尘污染。

（4）对现场有毒有害气体的产生和排放，必须采取有效措施进行严格控制。

（5）对于多层或高层建筑物内的**施工垃圾，应采用封闭的专业垃圾道或容器吊运，严禁随意凌空抛洒**造成扬尘。现场内还应设置密闭式垃圾站，施工垃圾和生活垃圾分类存放。施工垃圾要及时清运，清运时应尽量洒水或覆盖以减少扬尘。

（6）拆除旧建筑物、构筑物时，应配合洒水，减少扬尘污染。

（7）水泥和其他易飞扬的细颗粒散体材料应密闭存放，使用过程中应采取有效的措施防止扬尘。

（8）对于土方、渣土的运输，必须采取封盖措施。现场出入口处设置冲洗车辆的设施，出场时必须将车辆清洗干净，不得将泥沙带出现场。

（9）市政道路施工铣刨作业时，应采用冲洗等措施，控制扬尘污染。灰土和无机料采用预拌进场，辗压过程中要洒水降尘。

（10）混凝土搅拌，对于城区内施工，应使用商品混凝土，从而减少搅拌扬尘；在城区外施工，搅拌站应搭设封闭的搅拌棚，搅拌机上应设置喷淋装置（如JW-1型搅拌机雾化器）方可施工。

（11）对于现场内的锅炉、茶炉、大炉等，必须设置消烟除尘设备。

（12）在城区、郊区城镇和居民稠密区、风景旅游区、疗养区及国家规定的文物保护区内施工的工程，**严禁使用敞口锅熬制沥青**。凡进行沥青防潮防水作业时，要使用密闭和带有烟尘处理装置的加热设备。

4．施工现场固体废物的处理

（1）施工现场固体废物处理的规定。在工程建设中对于固体废物的处理，必须根据《中华人民共和国固体废物污染环境防治法》的有关规定执行。

1）建设产生固体废物的项目以及建设储存、利用、处置固体废物的项目，必须依法进行环境影响评价，并遵守国家有关建设项目环境保护管理的规定；

2）建设生活垃圾处置的设施、场所，必须符合国务院环境保护行政主管部门和国务院建设行政主管部门规定的环境保护和环境卫生标准；

3）工程施工单位应当及时清运工程中产生的固体废物，并按照环境卫生行政主管部门的规定进行利用或者处置；

4）从事公共交通运输的经营单位，应当按照国家有关规定，清扫、收集运输过程中产生的生活垃圾；

5）从事城市新区开发、旧区改建和住宅小区开发建设的单位，以及机场、码头、车站、公园、商店等公共设施、场所的经营管理单位，应当按照国家有关环境卫生的规定，配套建设生活垃圾收集设施。

（2）固体废物的类型。施工现场产生的固体废物主要有三种：**拆建废物、化学废物及生活固体废物**。

1）拆建废物，包括渣土、砖瓦、碎石、混凝土碎块、废木材、废钢铁、废弃装饰材料、废水泥、废石灰、碎玻璃等；

2）化学废物，包括废油漆材料、废油类（汽油、机油、柴油等）、废沥青、废塑料、废玻璃纤维等；

3）生活固体废物，包括炊厨废物、丢弃食品、废纸、废电池、生活用具、煤灰渣、粪便等。

（3）固体废物的治理方法。废物处理是指采用物理、化学、生物处理等方法，将废物在自然循环中，加以迅速、有效、无害地分解处理。根据环境科学理论，可将固体废物的治理方法概括为**无害化、安定化和减量化**三种。

1）无害化（亦称安全化）：是将废物内的生物性或化学性的有害物质，进行无害化或安全化处理。例如，利用焚化处理的化学法，将微生物杀灭，促使有毒物质氧化或分解。

2）安定化：是指为了防止废物中的有机物质腐化分解、产生臭味或衍生成有害微生物，将此类有机物质通过有效的处理方法，使其不再继续分解或变化。如，以厌氧性的方法处理生活废物，使其产生甲烷气，使处理后的残余物完全腐化安定，不再发酵腐化分解。

3）减量化：大多废物疏松膨胀、体积庞大，不但增加运输费用，而且占用堆填处置场地大。减量化废物处理是将固体废物压缩或液体废物浓缩，或将废物无害焚化处理，烧成灰烬，使其体积缩小至1/10以下，以便运输堆填。

（4）固体废物的处理。

1）**物理处理**：包括压实浓缩、破碎、分选、脱水干燥等。这种方法可以浓缩或改变固体废物结构，但不破坏固体废物的物理性质。

2）**化学处理**：包括氧化还原、中和、化学浸出等。这种方法能破坏固体废物中的有害成分，从而达到无害化，或将其转化成适于进一步处理、处置的形态。

3）**生物处理**：包括好氧处理、厌氧处理等。

4）**热处理**：包括焚烧、热解、焙烧、烧结等。

5）**固化处理**：包括水泥固化法和沥青固化法等。

6）**回收利用和循环再造**：将拆建物料再作为建筑材料利用；做好挖填土方的平衡设计，减少土方外运；重复使用场地围挡、模板、脚手架等物料；将可用的废金属、沥青等物料循环再用。

单 元 小 结

施工项目安全管理的目标是避免或减少一般安全事故和轻伤事故，杜绝重大、特大安全事故和伤亡事故的发生，最大限度地确保施工中劳动者的人身和财产安全。能否达到这一施工安全管理的工作目标，关键需要安全管理和安全技术来保证。本单元从施工安全管理体系和目标控制、施工安全技术措施、安全文明施工、安全事故处理、建筑节能与绿色施工及建设工程环境保护等方面进行阐述，以期达到安全管理的基本目标。

复习思考题

1. 施工安全保证体系的构成是什么？
2. 施工安全管理控制的目标是什么？
3. 施工安全技术交底的内容是什么？
4. 安全施工措施中对施工场地的布置有哪些要求？
5. 安全施工措施中对施工现场的防火有哪些要求？
6. 施工安全检查的内容和类型分别是什么？
7. 施工安全隐患的不安全因素包括哪些？
8. 按事故造成的人员伤亡或直接经济损失，安全事故可分为哪几类？
9. 简述安全事故调查及处理流程？
10. 什么是建筑节能？建筑节能的途径有哪些？
11. 什么是绿色施工？绿色施工与绿色建筑、文明施工有何不同？
12. 对于施工现场水污染应怎样处理？
13. 施工现场噪声的类型有哪些？对于施工现场噪声污染应怎样处理？
14. 对于施工现场空气污染应怎样处理？
15. 施工现场固体废物的类型有哪些？应怎样处理？

单元 7　施工项目信息管理

【单元概述】

本单元主要阐述施工项目信息管理的概念、内容及表现形式，介绍了施工项目信息管理系统的结构、内容及手段，并对施工文件如何立卷和归档作了较为详细的叙述。

【学习目标】

通过本单元的学习，学生应了解施工项目信息管理的基本概念和内容；熟悉掌握施工项目信息管理系统的内容和手段；理解施工项目实施信息化管理的意义；对 BIM 软件系统有初步的认识和了解；熟练掌握施工文件档案管理相关方面的知识。

课题 1　施工项目信息管理概述

7.1.1　施工项目信息管理的概念

施工项目信息管理是指施工项目经理部以项目管理为目标，以施工项目信息为管理对象，所进行的有计划地收集、处理、储存、传递、应用各类各专业信息等一系列工作的总和。

施工项目经理部为实现项目管理的需要，提高管理水平，应建立项目信息管理系统，优化信息结构，通过动态、高速度、高质量地处理大量项目施工及相关信息，有组织的信息流通，实现项目管理信息化，为最优决策、取得良好经济效果和预测未来提供科学依据。

7.1.2　施工项目信息管理的内涵

信息是指通过口头、书面或电子的方式传输的知识、新闻或情报，是建设工程项目实施的重要资源之一。信息管理是信息传输的合理的组织和控制，其内涵包含了由谁（某个工作岗位或工作部门等）、在何时、向谁（某个项目主管和参与单位的工作岗位或工作部门等）、以什么方式、提供什么信息等，不能简单理解为仅对产生的信息进行归档和一般的信息领域的行政事务管理。

7.1.3　施工项目信息管理的内容

1. 收集整理相关公共信息

公共信息包括：法律、法规和部门规章信息，市场信息以及自然条件信息。

（1）法律、法规和部门规章信息。对于此类信息可采用编目管理或建立计算机文档存入计算机。无论采用哪种管理方式，都应在施工项目信息管理系统中建立法律、法规和部门规章表。

（2）市场信息。市场信息包括材料价格表，材料供应商表，机械设备供应商表，机械设备价格表，新材料、新技术、新工艺、新管理方法信息表。应通过每一表格及时反映出市场动态。

（3）自然条件信息。应建立自然条件表，包括地区、场地土类别，年平均气温，年最高气温，年最低气温，冬、雨、风季时间，年最大风力，地下水位高度，交通运输条件，环保要求等内容。

2．收集整理工程总体信息

以房屋建筑工程为例，工程总体信息包括：工程名称、工程编号、建筑面积、总造价；建设单位、设计单位、施工单位、监理单位和参与建设其他各单位基本项目信息；基础工程、主体工程、设备安装工程、装饰装修工程、建筑造型等特点；工程实体信息、场地与环境、施工合同信息等。

3．收集整理相关施工信息

施工信息包括施工记录信息和施工技术资料信息。

（1）施工记录信息。施工记录信息包括施工日志、质量检查记录、材料设备进场记录、用工记录等。

（2）施工技术资料信息。施工技术资料信息包括主要原材料、成品、半成品、构配件、设备出厂质量证明和试（检）验报告，施工试验记录，预检记录，隐蔽工程、基础、主体结构验收记录，设备安装工程记录，施工组织设计，技术交底资料，工程质量检验评定资料，竣工验收资料，设计变更洽商资料，竣工图等。

4．收集整理项目管理信息

项目管理信息包括项目管理规划信息，项目成本控制信息，项目质量控制信息，项目进度控制信息，项目安全控制信息，项目现场管理信息，项目合同管理信息，项目人力资源管理信息，项目材料管理信息，项目机械设备管理信息，项目技术管理信息，项目资金管理信息，项目竣工验收信息，项目考核评价信息等。具体可参见项目管理信息分类表 7-1。

表 7-1 施工项目管理信息主要分类

信息分类	主要内容
项目成本控制信息	施工项目成本计划、施工任务单、限额领料单、施工定额、成本统计报表、对外分包经济合同、原材料价格、机械设备台班费、人工费、运杂费等
项目质量控制信息	国家或地方政府部门颁布的有关质量政策、法令、法规和标准等，质量目标的分解图表、质量控制的工作流程和工作制度、质量管理体系构成、质量抽样检查数据、各种材料和设备的合格证、质量证明书、检测报告等
项目进度控制信息	施工项目进度计划表、施工定额、进度目标分解图表、进度控制工作流程和工作制度、材料和设备到货计划、各分部分项工程进度计划、进度记录、完成工作分析等
项目安全控制信息	施工项目安全目标、安全控制体系、安全控制组织和技术措施、安全教育制度、安全检查制度、伤亡事故统计、伤亡事故调查与分析处理等
项目人力资源管理信息	劳动力需用量计划、劳动力流动、劳动力调配等
项目材料管理信息	材料供应计划、材料库存、材料储备与消耗、材料定额、材料领发及回收台账等
项目机械设备管理信息	机械设备需求计划、机械设备合理使用情况、机械设备保养与维修记录等
项目技术管理信息	各项技术管理组织体系、制度和技术交底、技术复核、已完工程的检查验收记录等
项目资金管理信息	资金收入与支出金额及其对比分析、资金来源渠道和筹措方式等
项目竣工验收信息	施工项目质量合格证书、单位工程交工质量核定表、交工验收证明书、施工技术资料移交表、施工项目结算、回访和保修书等

7.1.4 施工项目信息管理的表现形式

施工项目信息管理的表现形式主要有书面形式、技术形式和电子形式。

1. 书面形式

1) 设计图纸、说明书、任务书、施工组织设计、合同文本、概（预）算书、会计、统计等各类报表、工作条例、规章、制度等。

2) 会议纪要、谈判记录、技术交底记录、工作研讨记录等。

3) 个别谈话记录、电话记录等。

2. 技术形式

图片、照片、录音、录像、光盘、存储器、电报等。

3. 电子形式

电子邮件、Web 网页等。

课题 2 施工项目信息管理系统

7.2.1 施工项目信息管理系统的结构

施工项目信息管理系统的结构如图 7-1 所示。

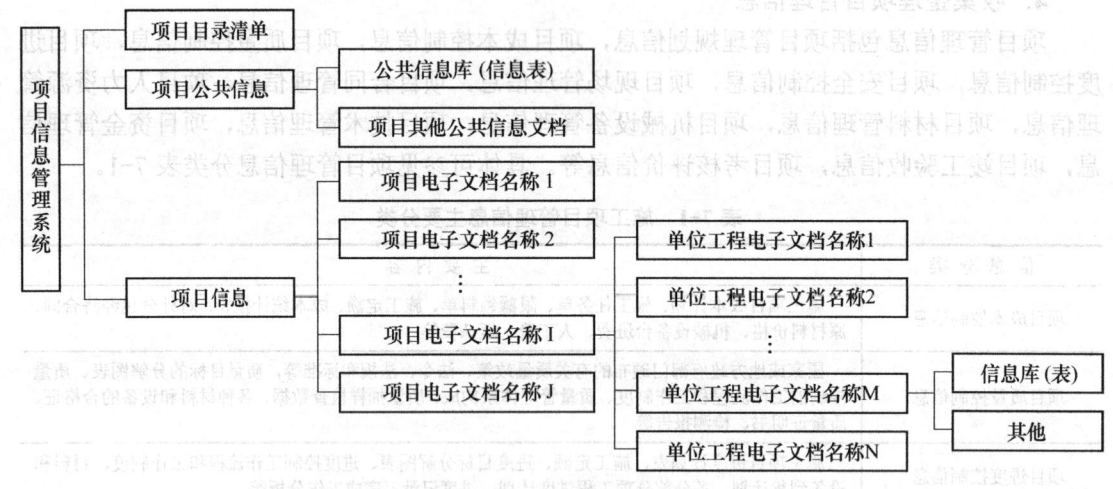

图 7-1 施工项目信息管理系统结构

图 7-1 中，"公共信息库"中应包括的"信息表"有：法规和部门规章表、材料价格表、材料供应商表、机械设备供应商表、机械设备价格表、新技术表、自然条件表等。

"项目其他公共信息文档"是指除"公共信息库"中文档以外的项目公共文档。

"项目电子文档名称 I"一般以具有指代意义的项目名称作为项目的电子文档名称（目录名称）。

"单位工程电子文档名称 M"一般以具有指代意义的单位工程名称作为单位工程的电子文档名称（目录名称）。

"单位工程电子文档名称 M"的信息库应包括：工程概况信息、施工记录信息、施工技术资料信息、工程协调信息、工程进度及资源计划信息、成本信息、资源需要量计划信息、商务信息、安全文明施工及行政管理信息、竣工验收信息等。这些信息所包含的表即为"单位工程电子文档名称 M"的信息库中的表；除以上数据库文档以外的反映单位工程信息的文档归为"其他"。

7.2.2 施工项目信息管理系统的内容

1. 施工项目信息管理中的编码系统

信息编码是将事物或概念赋予有一定规律性、易于人和计算机识别与处理的符号。编码的过程是信息分类和标志的过程，科学的分类是根据编码对象的特征或属性，将信息按一定规则进行区分和归类，并排序生成唯一标志，以便管理和使用信息。信息系统统一编码是企业实施信息化的基础，应科学合理、结构清晰、层次分明，具有足够的容量、弹性和可兼容性，能满足施工项目管理需要。

图 7-2 所示是某单位工程成本信息编码示意图。

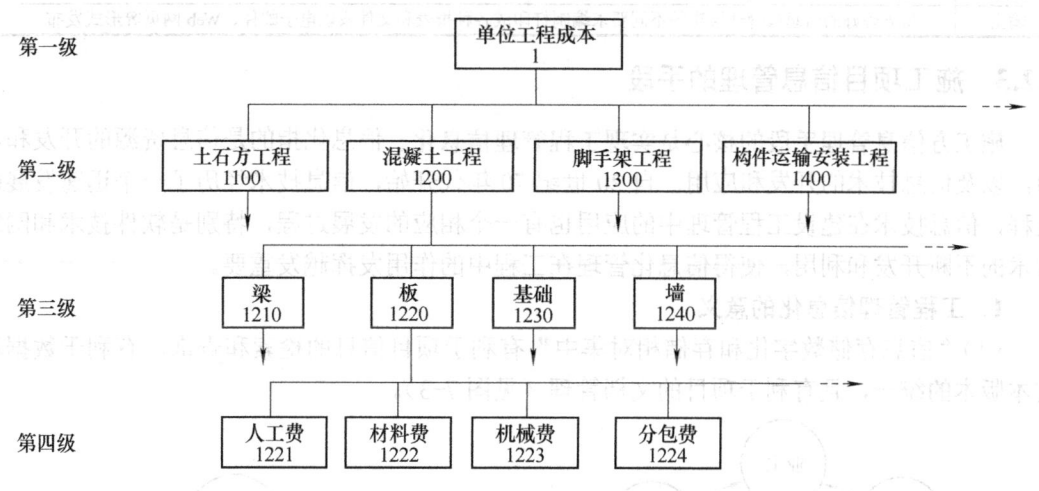

图 7-2　单位工程成本信息编码示意图

2. 施工项目信息管理中的信息流程

根据施工项目管理工作的要求和对项目组织结构、业务功能及流程的分析，建立各单位及人员之间、上下级之间、内外之间的信息连接，并保持纵横内外信息流动的渠道畅通有序，否则施工项目管理人员无法及时得到必要的信息，就会失去控制的基础、决策的依据和协调的媒介，从而影响施工项目管理工作的顺利进行。

3. 施工项目信息管理中的信息收集

对施工项目的各种原始信息来源、要收集的信息内容、标准、时间要求、传递途径、反馈的范围、责任人员的工作职责、工作程序等有关问题作出具体规定，形成制度，认真执行，以保证原始资料的全面性、及时性、准确性和可靠性。为便于信息的查询使用，一般是将收集的信息填写在项目目录清单上，再输入计算机，其格式见表 7-2。

表 7-2 项目目录清单

序号	项目名称	项目电子文档名称	内存/盘号	单位工程名称	单位工程电子文档名称	负责单位	负责人	日期	附注
1									
2									
3									
...									
N									

4. 施工项目信息管理中的信息处理

信息处理主要包括信息的收集、加工、传输、存储、检索和输出等工作,其内容见表 7-3。

表 7-3 信息处理的工作内容

工 作	内 容
收集	收集原始资料,要求资料全面、及时、准确和可靠
加工	(1) 对所收集的资料通过筛选、校核、分组、排序、汇总、计算平均数等进行整理,建立索引或目录文件 (2) 将基础数据综合成决策信息 (3) 运用网络计划技术模型、线性规划模型、存储模型等,对数据进行统计分析和预测
传输	借助纸张、图片、胶片、磁带、软盘、光盘、计算机网络等载体传递信息
存储	将各类信息存储、建立档案,妥善保管,以备随时查询使用
检索	建立一套科学、迅速的检索方法,便于查找各类信息
输出	将处理好的信息按管理层次的不同要求编制打印成各种报表和文件或以电子邮件、Web 网页等形式发布

7.2.3 施工项目信息管理的手段

施工方信息管理手段的核心是实现工程管理信息化。信息化指的是信息资源的开发和利用,以及信息技术的开发和应用。自 20 世纪 70 年代开始,信息技术经历了一个迅速发展的过程,信息技术在建设工程管理中的应用也有一个相应的发展过程,特别是软件技术和网络技术的不断开发和利用,使得信息化管理在工程中的作用发挥越发重要。

1. 工程管理信息化的意义

(1) "信息存储数字化和存储相对集中" 有利于项目信息的检索和查询,有利于数据和文本版本的统一,且有利于项目的文档管理(见图 7-3)。

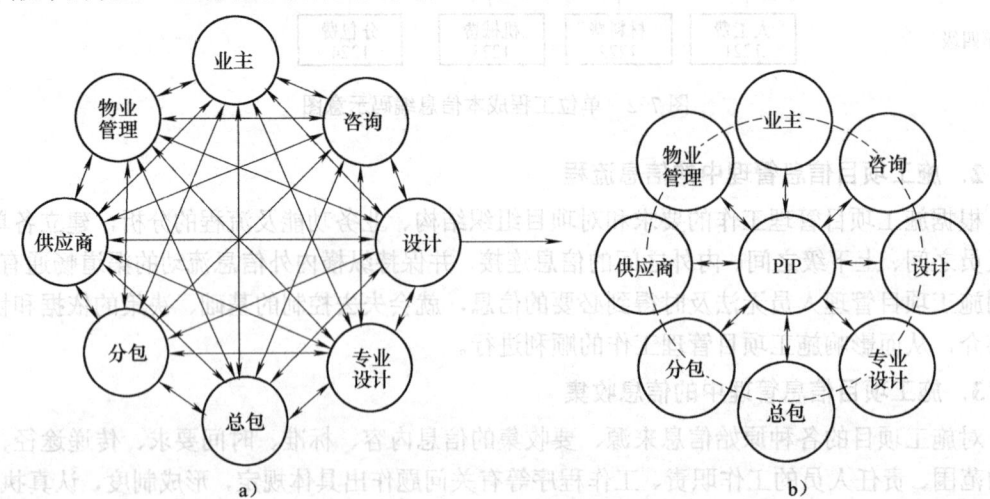

图 7-3 信息存储方式
a) 传统方式——点对点信息交流 b) PIP 方式——信息集中存储并共享

（2）"信息处理和变换的程序化"有利于提高数据处理的准确性，可提高数据处理的效率。

（3）"信息传输的数字化和电子化"可提高数据传输的抗干扰能力、使数据传输不受距离限制并可提高数据传输的保真度和保密性。

（4）"信息获得便捷"、"信息透明度提高"以及"信息流扁平化"有利于项目参与方之间的信息交流和协同工作。

工程管理信息化有利于提高建设工程项目的经济效益和社会效益，以达到为项目建设增值的目的。

2．建筑信息模型（BIM）技术

现代项目管理的核心是信息管理，传统的建设工程项目管理信息系统，由于工程管理涉及的单位和部门众多，信息输入只能停留在本部门或者单位工程的界面，常常出现滞后现象，难以进行整体工程及时的相互传输，阻碍了整个工程的信息汇总，形成信息孤岛现象。BIM的出现有效地避免了该类现象的发生，BIM 的全称是 Building Information Modeling，**即建筑信息模型，它不仅仅是一个能建模的软件，更重要的是提供了一种建立在全新的信息化系统上的项目管理方法**。即参建各方在设计、施工、项目管理、项目运营等各个过程中将所有信息整合在统一的数据库中，通过数字信息仿真模拟建筑物所具有的真实信息，为建筑的全生命周期管理提供平台。这种方法具有可视化，协调性，模拟性，优化性和可出图性五大特点。

（1）**可视化**。对于建筑行业来说，BIM 提供了可视化的思路，让人们将以往的线条式的构件形成一种三维的立体实物图形展示在人们的面前。现在建筑业设计单位也出效果图，但这种效果图并不是通过构件的信息自动生成的，缺少同构件之间的互动性和反馈性，然而 BIM 提到的可视化是一种能够同构件之间形成互动性和反馈性的可视，在 BIM 建筑信息模型中，由于整个过程都是可视化的，所以，可视化的结果不仅可以用来效果图的展示及报表的生成，项目设计、建造、运营过程中的沟通、讨论、决策都可在可视化的状态下进行。

在建筑生命周期的施工阶段，建筑信息模型（BIM）可以同步提供有关建筑质量、进度以及成本的信息；可以方便地提供工程量清单、概预算、各阶段材料准备等施工过程中需要的信息；可以帮助人们实现建筑构件的直接无纸化加工建造；可以轻松创建、审核和编辑四维进度模型，编制更为可靠的进度表，让进度安排与三维模型直接对接，从而使规划的施工流程与项目相关方顺畅沟通，更好地把握项目是否如期进行或落后于进度。

（2）**协调性**。在设计时，往往由于各专业设计师之间的沟通不到位，而出现各种专业之间的碰撞问题，例如在进行管道布置时，可能正好有结构设计的梁等构件在此妨碍管线的布置，这是施工中常会遇到的问题。BIM 建筑信息模型可在建筑物建造前期对各专业的碰撞问题进行协调，生成并提供协调好的数据。当然 BIM 的协调作用也并不是只能解决各专业间的碰撞问题，它还可以解决：电梯井布置与其他设计布置及净空要求之协调，防火分区与其他设计布置之协调，地下排水布置与其他设计布置之协调等问题。

（3）**模拟性**。模拟性并不是只能模拟设计出的建筑物模型，还可以模拟不能够在真实世界中进行操作的事物。在设计阶段，BIM 可以对设计上需要进行模拟的一些东西进行模拟实验，如节能模拟、紧急疏散模拟、日照模拟、热能传导模拟等；在招投标和施工阶段可以进行 4D 模拟（三维模型加项目的发展时间），也就是根据施工的组织设计模拟实际施工，从而来确定合理的施工方案以指导施工。同时还可以进行 5D 模拟（基于 3D 模型的造价控制），从而来实现成本控制；后期运营阶段可以模拟日常紧急情况的处理，例如发生地震人员逃生模拟及消防人员疏散模拟等。

（4）**优化性**。整个设计、施工、运营的过程是一个不断优化的过程。复杂程度高到一定程度时，参与人员本身的能力无法掌握所有的信息，必须借助一定的科学技术和设备的帮助，BIM 及与其配套的各种优化工具创造了对复杂项目进行优化的可能。目前 BIM 的优化可以做到：

1）**项目方案优化**，把项目设计和投资回报分析结合起来，实时计算设计变化对投资回报的影响，这样使得业主知道哪种项目设计方案更有利于自身的需求；

2）**特殊项目的设计优化**，裙楼、幕墙、屋顶、大空间到处可以看到异型设计，这些内容看起来占整个建筑的比例不大，但是占投资和工作量的比例和前者相比往往要大得多，而且通常施工难度比较大，施工问题也比较多。

（5）**可出图性**。BIM 并不是出日常多见的建筑设计图或一些构件加工图。而是在对建筑物进行可视化展示、协调、模拟、优化以后，帮助业主出如下图：**综合管线图**（经过碰撞检查和设计修改，消除了相应错误以后）；**综合结构留洞图**（预埋套管图）；**碰撞检查侦错报告和建议改进方案**。

3．案例介绍

在"上海环球金融中心"项目中，即采用了 BIM 系统，施工单位和业主、专家不用到现场就可以直接了解到施工的具体过程以及质量情况，解决了高危施工现场联合验收困难的问题。自远程验收系统投入使用后，先后对钢结构吊装、焊接、防火涂料、混凝土核心筒、观光电梯槽进行了上百次验收，效果得到了业主的充分肯定。

课题3　施工文件档案管理

7.3.1　施工文件档案管理的内容

1．工程施工技术管理资料

工程施工技术管理资料是建设施工全过程中的真实记录，是施工各阶段客观产生的施工技术文件。其主要内容包括以下几方面。

（1）图纸会审记录文件。**图纸会审记录是对已正式签署的设计文件进行交底、审查和会审，对提出的问题予以记录的文件。**施工项目经理部收到工程图纸后，应组织有关人员进行审查，将设计疑问及图纸存在的问题，按专业整理、汇总后报建设单位，由建设单位提交设计单位，进行图纸会审和设计交底准备。**图纸会审由建设单位组织设计、监理、施工各单位负责人及有关人员参加。**设计单位对设计疑问及图纸存在的问题进行交底，施工单位负责将设计交底内容按专业汇总、整理，形成图纸会审记录。由建设、设计、监理、施工各单位的项目相关负责人签认并加盖参加单位的公章，形成正式图纸会审记录。

（2）工程开工报告相关资料（开工报审表、开工报告）。**开工报告是建设单位与施工单位共同履行基本建设程序的证明文件**，是施工单位、承建单位工程施工工期的证明文件。

（3）技术、安全交底记录文件。此文件是施工单位负责人把设计要求的施工措施、安全生产贯彻到基层乃至每个工人的一项技术管理方法。交底主要项目为：图纸交底、施工组织设计交底、设计变更和洽商交底、分项工程技术交底、安全交底。技术、安全交底只有当签字齐全后方可生效,并发至施工班组。

(4) 施工组织设计(项目管理规划)文件。承包单位在开工前为工程所做的施工组织、施工工艺、施工计划等方面的设计,用来指导拟建工程各项活动的技术、经济和组织的综合性文件。参与编制的人员应在"会签表"上签字,交项目监理签署意见并在会签表上签字,经报审同意后执行并进行下发交底。

(5) 施工日志记录文件。施工日志是施工项目经理部的有关人员对工程项目施工过程中的有关技术管理和质量管理活动以及效果进行逐日连续完整的记录。

(6) 设计变更文件。设计变更是在施工过程中,由于设计图纸本身差错,施工条件变化,建设各方提出合理化建议,原材料的规格、品种、质量不符合要求等原因,需要对设计图纸部分内容进行修改而办理的变更设计文件。设计变更是施工图的补充和修改的记载,要及时办理,内容要求明确具体,必要时附图,不得任意涂改和事后补办。按签发的日期先后顺序编号,要求责任明确,签章齐全。

(7) 工程洽商记录文件。工程洽商是施工过程中一种协调业主与施工单位、施工单位和设计单位洽商行为的记录。工程洽商分为**技术洽商和经济洽商**两种,通常情况下由施工单位提出。

在组织施工过程中,如发现设计图纸存在问题,或因施工条件发生变化,不能满足设计要求,或某种材料需要代换时,应向设计单位提出书面工程洽商。

工程洽商记录应分专业及时办理,内容翔实,必要时应附图,并逐条注明所修改图纸的图号。工程洽商记录应由设计专业负责人以及建设、监理和施工单位的相关负责人签认后生效,不允许先施工后办理洽商。

设计单位如委托建设(监理)单位办理签认,应办理书面委托签认手续。

分包工程的工程洽商记录,应通过总包审查后办理。

(8) 工程测量记录文件。工程测量记录是在施工过程中形成的确保建设工程定位、尺寸、标高、位置和沉降量等满足设计要求和规范规定的资料统称。

1) 工程定位测量记录文件。在工程开工前,施工单位根据建设单位提供的测绘部门的放线成果、红线桩、标准水准点、场地控制网(或建筑物控制网)、设计总平面图,对工程进行准确的测量定位。检查意见及复验意见应分别由施工单位、监理单位相关负责人填写,并签认盖章。且工程定位测量完成后,应由建设单位报请规划管理部门下属具有相应资质的测绘部门进行验线。

2) 施工测量放线报验表。施工单位应在完成施工测量方案、红线桩校核成果、水准点引测成果及施工过程的各种测量记录后,填写《施工测量放线报验表》报请监理单位审核。

3) 基槽及各层测量放线记录文件。建设工程根据施工图纸给定的位置、轴线、标高进行的测量与复测,以保证工程的位置、轴线、标高正确。检查意见及复验意见应分别由施工单位、监理单位相关负责人填写,并签认盖章。

4) 沉降观测记录文件。沉降观测是检查建筑物地基变形是否满足国家规范要求,对建筑物沉降观测点进行沉降的测量工作,以保证工程的正常使用。一般建设工程项目,由施工单位进行施工过程及竣工后保修期内的沉降观测工作。观测单位按设计要求和规范规定,或监理单位批准的观测方案,设置沉降观测点,绘制沉降观测点布置图,定期进行沉降观测记录，并应附沉降观测点的沉降量与时间—荷载关系曲线图和沉降观测及时报告。观测单位的测量员、质检员、技术负责人均应签字，监理工程师应审核签字，测量单位应加盖公章。

（9）施工记录文件。施工记录是在施工过程中形成的，确保工程质量和安全的各种检查、记录的统称。主要包括工程定位测量检查记录、预检记录、施工检查记录、冬期混凝土搅拌称量及养护测温记录、交接检查记录、工程竣工测量记录等。

（10）工程质量事故记录文件。工程质量事故记录文件包括工程质量事故报告和工程质量事故处理记录。

1）工程质量事故报告。发生质量事故应有报告，对质量事故进行分析，按规定程序报告。

2）工程质量事故处理记录。做好事故处理签订记录，建立质量事故档案，主要包括：质量事故报告、处理方案、实施记录和验收记录。

（11）工程竣工文件。工程竣工文件包括**竣工报告**、**竣工验收证明书**和**工程质量保修书**。

1）竣工报告。工程项目具备竣工条件后，施工单位向建设单位报告，提请建设单位组织竣工验收的文件。提交竣工报告的条件是施工单位在合同规定的承包项目内容全部完工，自行组织有关人员进行检查验收，全部符合设计要求和质量标准。由施工单位生产部门填写竣工报告，经施工单位工程管理部门组织有关人员复查，确认具备竣工条件后，法人代表签字，法人单位盖章，报请监理单位、建设单位审批。

2）竣工验收证明书。竣工验收证明书是工程项目按设计和施工合同规定的内容全部完工，达到验收规范及合同要求，满足生产、使用并通过竣工验收的证明文件。建设单位接到竣工报告后，由建设单位项目负责人组织设计单位、监理单位、勘察单位、施工总包单位、施工分包单位及有关部门，以国家颁发的施工质量验收规范为依据，按设计和施工合同的内容对工程进行全面检查和验收，通过后办理《竣工验收证明书》。由施工单位填写，报建设、监理、设计等单位负责人签认。

3）工程质量保修书。建设工程实行质量保修制度，工程承包单位在向建设单位提交工程竣工验收报告时，应当向建设单位出具质量保修书。质量保修书应当明确建设工程的保修范围、保修期限和保修责任等。

2．工程质量控制资料

工程质量控制资料是建设工程施工全过程全面反映工程质量控制和保证的依据性证明资料。应包括原材料、构配件、器具及设备等的质量证明、合格证明，进场材料试验报告，施工试验记录，隐蔽工程检查记录等。

（1）出厂合格证及进场检验报告。工程项目原材料、构配件、成品、半成品和设备的出厂合格证及进场检（试）验报告合格证、实验报告的整理按工程进度为序进行，品种规格应满足设计要求，否则为合格证、试验报告不全。材料检查报告是为保证工程质量，对用于工程的材料进行有关指标测试，由试验单位出具试验证明文件，报告责任人签章必须齐全，有见证取样试验要求的必须进行见证取样试验。

（2）施工试验记录和见证检测报告。施工试验记录是根据设计要求和规范规定进行试验，记录原始数据和计算结果，并得出试验结论的资料统称。按照设计要求和规范规定应做施工试验，无专项施工试验表格的，可填写《施工试验记录（通用）》；采用新技术、新工艺及特殊工艺时，对施工试验方法和试验数据进行记录，应填写《施工试验记录（通用）》。见证检测报告是指在建设单位或工程监理单位人员的见证下，由施工单位的现场试验人员对工程中涉及结构安全的试块、试件和材料在现场取样，并送至经过省级以上建设行政主管部门对其资质认可和质量技术监督部门对其计量认证的质量检测单位进行检测，并由检测单位出具检测报告。

（3）隐蔽工程验收记录文件。隐蔽工程验收记录是指为下道工序所隐蔽的工程项目，关系到结构性能和使用功能的重要部位或项目的隐蔽检查记录。隐蔽工程检查是保证工程质量与安全的重要过程控制检查记录，应分专业、分系统（机电工程）、分区段、分部位、分工序、分层进行。隐蔽工程未经检查或验收未通过，不允许进行下一道工序的施工。隐蔽工程验收记录为通用施工记录，适用于各专业。

隐蔽工程验收记录资料要求如下：

1）验收时，施工单位必须附有关分项工程质量验收及测试资料，包括原材料试（化）验单、质量验收记录、出厂合格证等，以备查验；

2）需要进行处理的，处理后必须进行复验，并且办理复验手续，填写复验记录，并做出复验结论；

3）工程具备隐检条件后，由施工员填写隐蔽工程验收记录，由质检员提前一天报请监理单位，验收时由专业技术负责人组织施工员、质量检查员共同参加，验收后由监理单位专业监理工程师签署验收意见及验收结论，并签字签章。

（4）交接检查记录。不同过程或施工单位之间工程交接，当前一专业工程施工质量对后续专业工程施工质量产生直接影响时，应进行交接检查，填写《交接检查记录》。移交单位、接收单位和见证单位共同对移交工程进行验收，并对质量情况、遗留问题、工序要求、注意事项、成品保护等进行记录。《交接检查记录》中"见证单位"的规定：当在总包管理范围内的分包单位之间移交时，见证单位为"总包单位"；当在总包单位和其他专业分包单位之间移交时，见证单位应为"建设（监理）单位"。

3．工程施工质量验收资料

工程施工质量验收资料是建设工程施工全过程中按照国家现行工程质量检验标准，对施工项目单位工程、分部工程、分项工程及检验批的划分，再由检验批、分项工程、分部工程、单位工程逐级对工程质量做出综合评定的工程质量验收资料。但是，由于各行业、各部门的专业特点不同，各类工程的检验评定均有相应的技术标准，工程质量验收资料的建立均应按相关的技术标准办理。具体内容有以下几点。

（1）施工现场质量管理检查记录。为督促工程项目做好施工前准备工作，建设工程应按一个标段或一个单位（子单位）工程检查填报施工现场质量管理记录。专业分包工程也应在正式施工前由专业施工单位填报施工现场质量管理检查记录。施工单位项目经理部应建立质量责任制度、现场管理制度及检验制度，健全质量管理体系，配备施工技术标准，审查资质证书、施工图、地质勘察资料和施工技术文件等。按规定，在开工前施工单位现场负责人需填写"施工现场质量管理检查记录"，报项目总监理工程师（或建设单位项目负责人）检查，并作出检查结论。

（2）单位（子单位）工程质量竣工验收记录。单位（子单位）工程质量竣工验收记录是指在单位工程完成后，施工单位经自行组织人员进行检查验收，质量等级达到合格标准，并经项目监理机构复查认定质量等级合格后，向建设单位提交竣工验收报告及相关资料，由建设单位组织单位工程验收的记录。且单位（子单位）工程质量控制资料核查记录、单位（子单位）工程安全和功能建议资料核查及主要功能抽查记录、单位（子单位）工程观感质量检查记录相关内容应齐全并均符合相关规范规定的要求。

（3）分部（子分部）工程质量验收记录文件。分部（子分部）工程完成，施工单位自检合格后，应填报"分部（子分部）工程质量验收记录表"，由总监理工程师（建设单位项目负责人）组织有关设计单位及施工单位项目负责人（项目经理）和技术、质量负责人等到场共同验收并签认。分部工程按部位和专业性质确定。

（4）分项工程质量验收记录文件。分项工程完成（即分项工程所包含的检验批均已完工），施工单位自检合格后，应填报"分项工程质量验收记录表"，由监理工程师（建设单位项目专业技术负责人）组织施工单位项目专业技术负责人进行验收并签认。分项工程按主要工种、材料、施工工艺、设备类别等划分。

（5）检验批质量验收记录文件。检验批施工完成，施工单位自检合格后，应由项目专业质量检查员填报"检验批质量验收记录表"，按照建设部施工质量验收系列标准表格执行。检验批质量验收应由监理工程师（建设单位项目专业技术负责人）组织项目专业质量检查员等进行验收并签认。检验批的划分原则为：分项工程的检验批划分应便于质量控制和验收；划分的大小不能过分悬殊；能取得较完整的技术数据及检查记录；符合统一标准和配套施工质量验收规范规定。通常可根据施工及质量控制和专业验收需要按楼层、施工段、变形缝、系统或设备等进行划分。同时项目应在施工技术资料（施工组织设计、施工方案、方案技术交底）中预先明确工程各分项工程检验批的划分原则，使检验批质量验收更加合理化、规范化、科学化。

4. 竣工图

竣工图是指工程竣工验收后，真实反映建设工程项目施工结果的图样。它是真实、准确、完整反映和记录各种地下和地上建筑物、构筑物等详细情况的技术文件，是工程竣工验收、投产或交付使用后进行维修、扩建、改建的依据，是生产（使用）单位必须长期妥善保存和进行备案的重要工程档案资料。竣工图的编制整理、审核盖章、交接验收按国家对竣工图的要求办理。承包人应根据施工合同约定，提交合格的竣工图。竣工图编制要求如下。

（1）各项新建、扩建、改建、技术改造、技术引进项目，在项目竣工时要编制竣工图。项目竣工图应由施工单位负责编制。如行业主管部门规定设计单位编制或施工单位委托设计单位编制竣工图的，应明确规定施工单位和监理单位的审核和签认责任。

（2）竣工图应完整、准确、清晰、规范，修改到位，真实反映项目竣工验收时的实际情况。

（3）如果按施工图施工没有变动的，由竣工图编制单位在施工图上加盖并签署竣工图章。

（4）一般性图纸变更及符合杠改或划改要求的变更，可在原图上更改，加盖并签署竣工图章。

（5）涉及结构形式、工艺、平面布置、项目等重大改变及图面变更面积超过35%的，应重新绘制竣工图。重绘图按原图编号，末尾加注"竣"字，或在新图图标内注明"竣工阶段"并签署竣工图章。

（6）同一建筑物、构筑物重复的标准图、通用图可不编入竣工图中，但应在图纸目录中列出图号，指明该图所在位置并在编制说明中注明；不同建筑物、构筑物应分别编制。

（7）竣工图图幅应按 GB/T10609.3—2009《技术制图-复制图的折叠方法》的要求统一折叠。

（8）编制竣工图总说明及各专业的编制说明，叙述竣工图编制原则、各专业目录及编制情况。

7.3.2 施工文件的立卷

立卷是指按照一定的原则和方法，将有保存价值的文件分门别类整理成案卷，亦称组卷。案卷是指由互相有联系的若干文件组成的档案保管单位。

1．立卷的基本原则

施工文件的立卷应遵循工程文件的自然形成规律，保持卷内工程前期文件、施工技术文件和竣工图之间的有机联系，便于档案的保管和利用。

（1）一个建设工程由多个单位工程组成时，工程文件按单位工程立卷。

（2）施工文件资料应根据工程资料的分类和"专业工程分类编码参考表"进行立卷。

（3）卷内资料排列顺序要依据卷内的资料构成而定，一般顺序为封面、目录、文件、备考表、封底。组成的案卷力求美观、整齐。

（4）当卷内资料有多种资料时，同类资料按日期顺序排列，不同资料之间的排列顺序应按资料的编号顺序排列。

2．立卷的具体要求

（1）施工文件可按单位工程、分部工程、专业、阶段等组卷，竣工验收文件按单位工程、专业组卷。

（2）竣工图可按单位工程、专业组卷，每一专业根据图纸多少组成一卷或多卷。

（3）立卷过程中宜遵循下列要求：案卷不宜过厚，一般不超过 40mm；案卷内不应有重份文件，不同载体的文件一般应分别组卷。

3．卷内文件的排列

（1）文件材料按事项、专业顺序排列。同一事项的请示与批复、同一文件的印本与定稿、主件与附件不能分开，并按批复在前、请示在后；印本在前、定稿在后；主件在前、附件在后；译文在前、原文在后的顺序排列。

（2）图纸按专业排列，同专业图纸按图号顺序排列。（卷内有图纸目录的，按图纸目录顺序排列）

（3）既有文字资料又有图纸的案卷，文字材料排前，图纸排后。

（4）同一厂家、同一产品质量合格证与检测报告应组合在一起，按合格证在前、检测报告在后的顺序排列。

4．案卷的编目

（1）编制页号。

1）卷内文件均按有书写内容的页面编号。每卷单独编号，页码从"1"开始。

2）页号编写位置：单面书写的文件在右下角；双面书写的文件，正面在右下角，背面在左下角。空白页不标页号。托裱时，页码标在文件上。折叠后的图纸一律在右下角。

3）成套图纸或印刷成册的科技文件材料，自成一卷的，原目录可代替卷内目录，不必重新编写页号。

4）案卷封面、卷内目录、卷内备考表不编写页号。

（2）编制目录。

1）序号：以一份文件为单位，用阿拉伯数字从"1"依次标注。

2）责任者：填写文件的直接形成单位和个人。有多个责任者时，选择两个主要责任者，其余用"等"代替。

3）编号：填写工程文件原有的文号或图号。

4）日期：填写文件形成的日期。

5）页次：填写文件在卷内所排的起始页号。最后一份文件填写起止页号。

6）卷内目录排列在卷内文件首页之前。

（3）编制卷内备考表。

1）卷内备考表主要标明卷内文件总页数、各类文件页数（照片张数），以及立卷单位对案卷情况的说明。

2）卷内备考表排列在卷内文件首页之前。

（4）编制案卷封面。

1）案卷封面的内容包括档号、档案馆代号、案卷题名、编制单位、起止日期、密级、保管期限、共几卷、第几卷。

2）档号由分类号、项目号和案卷号组成。档号由档案保管单位填写。

3）档案馆代号应填写国家给定的本档案馆的编号。档案馆代号由档案馆填写。

4）案卷题名应简明、准确地揭示卷内文件内容。案卷题名包括工程名称、专业名称、卷内文件的内容。

5）编制单位填写案卷内文件的形成单位或主要责任者。

6）起止日期应填写案卷内全部文件形成的起止日期。

7）密级分为绝密、机密、秘密三种。**同一案卷内有不同密级的文件，应以高密级为本卷密级。**

8）保管期限分为永久、长期、短期三种期限。永久是指工程档案须永久保存，长期指工程档案的保存期限等于该工程的使用寿命，短期是指工程档案保存 20 年以下。**同一案卷内有不同保管期限的文件，该案卷保管期限应从长。**

7.3.3 施工文件的归档

归档指文件形成单位完成其工作任务后，将形成的文件整理立卷后，按规定移交相关管理机构。

1．施工文件的归档范围

对与工程建设有关的重要活动、记载工程建设主要过程与现状、具有保存价值的各种载体文件，均应收集齐全，整理立卷后归档。

2．归档文件的质量要求

（1）归档的文件应为**原件**。

（2）工程文件的内容及其深度必须符合国家有关工程勘察、设计、施工、监理等方面的技术规范、标准和规程。

（3）工程文件的内容必须真实、准确，与工程实际相符合。

（4）工程文件应采用耐久性强的书写材料，如碳素墨水、蓝黑墨水等。

　　（5）工程文件应字迹清晰，图样清晰，图表整洁，签字盖章手续完备。

　　（6）工程文件应采用能够长期保存的韧力大、耐久性强的纸张，幅面尺寸宜为 A4 幅面，图纸采用蓝晒图，国家标准图幅，竣工图应是新蓝图。

　　（7）所有竣工图均应加盖竣工图章。竣工图章尺寸为 50mm×80mm，内容包括"竣工图"字样、施工单位、编制人、审核人、技术负责人、编制日期、监理单位、现场监理、总监理工程师。

　　（8）利用施工图改绘竣工图，必须标明变更修改依据，凡施工图结构、工艺、平面布置等有重大改变，或变更部分超过图面 1/3 的，应当重新绘制竣工图。

　　3．施工文件归档的时间和相关要求

　　（1）根据建设程序和工程特点，归档可以分阶段分期进行，也可以在单位或分部工程通过竣工验收后进行。

　　（2）施工单位应当在工程竣工验收前，将形成的有关工程档案向建设单位归档。

　　（3）施工单位在收齐工程文件整理立卷后，建设单位、监理单位应根据城建档案管理机构的要求对档案文件完整、准确、系统等情况和案卷质量进行审查。审查后向建设单位移交。

　　（4）工程档案一般不少于两套，一套由建设单位保管，一套（原件）移交当地城建档案馆（室）。

　　（5）施工单位向建设单位移交档案时，应编制移交清单，双方签字、盖章后方可交接。

单 元 小 结

　　施工项目信息管理是以项目管理为目标，以施工项目信息为管理对象，所进行的有计划地收集、处理、储存、传递、应用各类各专业信息等一系列工作的总和。本单元从施工项目信息管理概述、施工项目信息管理系统以及施工文件档案管理等方面进行阐述，并对新型的 BIM 软件系统在施工管理中的应用作了简要的介绍。

复习思考题

1．施工项目信息管理是怎样分类的？其表现形式是什么？
2．简述工程管理信息化的意义。
3．建筑信息模型（BIM）的特点有哪些？
4．简述施工文件档案管理的内容。
5．简述施工文件立卷的含义。
6．简述施工文件归档的含义。

参 考 文 献

[1] 丛培经. 工程项目管理[M]. 北京：中国建筑工业出版社，2002.
[2] 李卫平，等. 中国高等教育研究论丛[M]. 北京：中国社会出版社，2006.
[3] 谬长江. 建设工程施工管理[M]. 北京：中国建筑工业出版社，2009.
[4] 安玉华. 施工项目成本管理[M]. 北京：化学工业出版社，2010.
[5] 武佩牛. 建设工程项目管理[M]. 北京：机械工业出版社，2008.
[6] 全国建筑业企业项目经理培训教材编写委员会. 施工项目管理概论（修订版）[M]. 北京：中国建筑工业出版社，2001.
[7] 全国一级建筑师职业资格考试用书编写委员会. 建设工程项目管理[M]. 3版. 北京：中国建筑工业出版社，2011.
[8] 全国二级建筑师职业资格考试用书编写委员会. 建设工程项目管理[M]. 3版. 北京：中国建筑工业出版社，2011.
[9] 住房和城乡建设部工程质量安全监管司. 建设工程安全生产管理[M]. 2版. 北京：中国建筑工业出版社，2008.
[10] 中国建筑业协会. 建筑工程专业一级注册建造师继续教育培训选修课教材[M]. 北京：中国建筑工业出版社，2011.